法官说法丛书

全国“八五”普法推荐读物

CASE

搬迁补偿纠纷典型案例解析

ANALYSIS

邵明艳 / 主编

中国法制出版社
CHINA LEGAL PUBLISHING HOUSE

图书在版编目（CIP）数据

搬迁补偿纠纷典型案例解析 / 邵明艳主编 .—北京：中国法制出版社，2021.11

（法官说法丛书）

ISBN 978-7-5216-1825-9

Ⅰ.①搬… Ⅱ.①邵… Ⅲ.①房屋拆迁－土地征用－补偿－民事纠纷－案例－中国 Ⅳ.① D922.181.4

中国版本图书馆 CIP 数据核字（2021）第 225535 号

责任编辑：周琼妮（zqn-zqn@126.com） 封面设计：杨泽江

搬迁补偿纠纷典型案例解析

BANQIAN BUCHANG JIUFEN DIANXING ANLI JIEXI

主编 / 邵明艳

经销 / 新华书店

印刷 / 三河市国英印务有限公司

开本 / 710 毫米 ×1000 毫米 16 开 印张 / 13.5 字数 / 194 千

版次 / 2021 年 11 月第 1 版 2021 年 11 月第 1 次印刷

中国法制出版社出版

书号 ISBN 978-7-5216-1825-9 定价：45.00 元

北京市西城区西便门西里甲 16 号西便门办公区

邮政编码：100053 传真：010-63141852

网址：http://www.zgfzs.com **编辑部电话：010-63141807**

市场营销部电话：010-63141612 **印务部电话：010-63141606**

（如有印装质量问题，请与本社印务部联系。）

《法官说法丛书》（第二辑）

总编委会

本书编委会

主　　编　邵明艳　北京市海淀区人民法院党组书记、院长

副 主 编　张钢成　北京市海淀区人民法院党组成员、副院长

执行主编　周　红　北京市海淀区人民法院四季青人民法庭庭长

　　　　　刘　艳　北京市海淀区人民法院四季青人民法庭副庭长

　　　　　唐　铸　北京市海淀区人民法院四季青人民法庭副庭长

作　　者

周　红　北京市海淀区人民法院审委会委员、四季青人民法庭庭长，为全面停止军队有偿服务工作提供司法保障工作先进个人

刘　艳　北京市海淀区人民法院四季青人民法庭副庭长

唐　铸　北京市海淀区人民法院四季青人民法庭副庭长，北京市第三届司法技能比赛民事审判标兵，北京市法院人民法庭优秀干警

林宇军　北京市海淀区人民法院四季青人民法庭审判员

王　实　北京市海淀区人民法院四季青人民法庭审判员，北京市法院先进法官，为全面停止军队有偿服务工作提供司法保障表现突出个人

徐　斌　北京市海淀区人民法院四季青人民法庭审判员

董琳雪　北京市海淀区人民法院四季青人民法庭审判员

蔡　笑　北京市海淀区人民法院山后人民法庭审判员

张慧聪　北京市海淀区人民法院四季青人民法庭法官助理

曲　婧　北京市海淀区人民法院四季青人民法庭法官助理

宋　窈　北京市海淀区人民法院四季青人民法庭法官助理

董　玫　北京市海淀区人民法院四季青人民法庭法官助理

王子葭　北京市海淀区人民法院四季青人民法庭法官助理

吴　昆　北京市海淀区人民法院四季青人民法庭法官助理

刘　刚　北京市海淀区人民法院山后人民法庭法官助理

李永瑞　北京市海淀区人民法院山后人民法庭法官助理

李　欣　北京市海淀区人民法院山后人民法庭法官助理

陈雅楠　北京市海淀区人民法院山后人民法庭法官助理

序言

PREFACE

长期以来，农村搬迁[1]及利益分配一直是农民群众关心的焦点问题之一。依法有序开展农村搬迁工作、依法依规补偿农村搬迁利益不仅与每一名农民群众的自身利益息息相关，更是打造和谐、稳定新农村的重要影响因素。然而必须看到的是，现阶段农村搬迁工作还存在很多不足。如何规范搬迁行为的合法性、如何依法维护搬迁腾退过程中的合法权益，均需要搬迁腾退参与各方人员，加强农村搬迁方面的法律知识的学习。

为进一步满足社会公众的普法需求，北京市海淀区人民法院组织了多名一线审判人员，汇总出近年来司法实务中与农村搬迁问题相关的热点问题，精选出 20 篇典型案例，讲述每一个案例背后的故事。通过以案释法的方式，讲解这一领域常见的法律问题，规范自身言行，加强法律风险的识别与防范。

全书共分七个篇章，分别为“搬迁政策类相关法律问题”“搬迁协议的签订与效力问题”“搬迁利益主体及权利归属问题”“继承案件中搬迁利益的分割与认定”“婚姻案件中搬迁利益的分割与认定”“回迁安置房屋买卖合同的法律效力问题”“搬迁补偿合同违约相关法律问题”，立足七个维度，剖析农村搬迁过程中各个环节的法律风险。全书以讲述法律故事的方式将案件事实娓娓道来，在兼具可读性的同时致力于探究当事人争议焦点背后的法理基础。与此同时，以农村搬迁为支点，就案例中所涉与农村搬迁实务息息相关

---

① 编者注：本书中的“搬迁”包含“拆迁”含义。

的法律知识点进行拓展，最大限度地实现以点带面，为大家呈现出每一个案例裁判的法律基础，进而增加本书的实用价值。希望通过该书的出版，能够带广大读者朋友一起走进农村搬迁实务，为正在开展中的农村搬迁单位及村民提供一本搬迁法律知识工具书。希望这本“农村搬迁”定制版法律读本在广大读者朋友们的手中可以变成答疑解惑的“朋友”，成为大家在农村搬迁的各个环节中值得信赖的行为指南，真正实现本书的社会价值。

受限于参考文献及搜集案例的有限性，编写过程中难免存在疏漏，在此恳请广大读者朋友们批评指正。

《搬迁补偿纠纷典型案例解析》编委会

2021 年 11 月

目录

CONTENTS

第一章　搬迁政策类相关法律问题

案例一　不服搬迁政策方案，是否可以向法院提起民事诉讼？——村民自治领域不属于法院民事诉讼受理范围 / 003

案情回顾 / 003

（一）诉腾退方案侵权，村委会成被告 / 003

（二）村民自治不归法院管，村民终败诉 / 004

法理分析 / 005

（一）民事诉讼的审理范围 / 005

（二）村民自治事项的范围与规制 / 006

（三）搬迁政策的效力是否属于民事诉讼的受理范围 / 008

知识拓展 / 008

（一）乡镇政府侵害村民自治权的情形 / 009

（二）村民委员会侵害村民自治权的情形 / 009

（三）村民（代表）会议侵害村民自治权的情形 / 010

普法提示 / 010

案例二　农村搬迁背景下，无批示自建房怎么分割？——法院可处理农村无批示所建房屋的居住使用权 / 012

案情回顾 / 012

（一）农村房屋多次翻建均无审批手续 / 012

（二）搬迁在即，无批示自建房分割成难题 / 013

法理分析 / 013

（一）农村房屋所有权的认定 / 013

（二）宅基地范围内未经审批所建的房屋具有使用价值 / 015

知识拓展 / 016

（一）农村房屋建设手续的许可 / 016

（二）农村建房的权属认定条件 / 017

（三）房屋建设审批情况对搬迁补偿标准的影响 / 018

（四）未来的搬迁对于农村房屋权属分割的影响 / 018

普法提示 / 020

第二章　搬迁协议的签订与效力问题

案例一　未签协议房屋即被拆，如何主张权利？——解析腾退人与被腾退房屋权利人未就安置补偿方案达成协议房屋即被拆除情况下的维权路径 / 023

案情回顾 / 023

（一）安置补偿方案未谈妥房屋即被拆除 / 023

（二）究竟是谁拆除了房屋，原因何在？ / 024

法理分析 / 025

（一）起诉时如何确定被告？ / 025

（二）诉讼请求如何确定？ / 026

知识拓展 / 027

（一）核查是否遗漏必要共同诉讼人 / 027

（二）搬迁协议 / 安置补偿协议遗漏的房屋共有权利人主张权利的路径 / 029

普法提示 / 030

案例二　宅基地户主离世，搬迁协议谁能签订？——解析搬迁协议无效的

法律情形 / 032
案情回顾 / 032
（一）孤寡老人离世，遗留农村院落 / 032
（二）院落搬迁安置，亲人反目相争 / 032
法理分析 / 033
（一）亲属继承，产权花落谁家？ / 033
（二）无权处分，合同效力几何？ / 035
知识拓展 / 036
（一）合同无效的法定情形 / 036
（二）合同效力的其他瑕疵情况 / 038
（三）《民法典》体系下合同效力的法律适用 / 039
普法提示 / 039
（一）被搬迁人方面 / 040
（二）搬迁单位方面 / 040
案例三 他人代签的搬迁协议是否有效？——代签搬迁协议或因构成表见代理而有效 / 042
案情回顾 / 042
（一）搬迁协议遭代签，诉至法院求救济 / 042
（二）各方主张矛盾大，协议效力是关键 / 043
法理分析 / 043
（一）代签搬迁协议可能因构成表见代理而有效 / 043
（二）构成表见代理的法律后果 / 045
（三）搬迁利益对于代签搬迁协议效力的影响 / 046
（四）救济途径 / 047
知识拓展 / 047
（一）表见代理的表现形态 / 047
（二）表见代理与无权代理的区别 / 048

（三）村民委员会是否有权代村民签署补偿协议？ / 049
（四）《民法典》实施后的新旧法衔接 / 049
普法提示 / 050
（一）农村搬迁利益大，保障权益要上心 / 050
（二）协议代签不必慌，搬迁利益跑不了 / 050

案例四　未被确定为安置人口，可否索要周转费？——浅析补偿合同遗漏搬迁利益的基本处理方法 / 052
案情回顾 / 052
（一）一家三口仅有妻子成为安置人口 / 052
（二）丈夫、女儿起诉要求周转费未获支持 / 053
法理分析 / 054
（一）如何确定被腾退人、安置人口以及涉案的搬迁利益？ / 054
（二）丈夫和女儿为何未被认定为安置人口？ / 055
（三）未获得法院支持的原因是什么？丈夫和女儿是否还可以继续维权？ / 055
知识拓展 / 056
（一）为什么会遗漏搬迁利益？ / 056
（二）在签订腾退搬迁补偿合同时遗漏了搬迁利益及主体的，应当如何处理？ / 057
（三）此类案件如何诉讼？诉讼主体是谁？ / 058
（四）如何举证？ / 059
普法提示 / 060

第三章　搬迁利益主体及权利归属问题

案例一　腾退协议中的共居人员享有哪些搬迁利益——农村搬迁中“共居人”主张回迁安置房屋等搬迁利益获支持 / 063

案情回顾 / 063
（一）村民一家遇搬迁取得四套安置房 / 063
（二）共居人应享有哪些搬迁利益惹争议 / 064
法理分析 / 065
（一）共居人的认定 / 065
（二）共居人的搬迁利益的确认 / 066
知识拓展 / 067
（一）农村腾退中的共居人权利不等同于居住权 / 067
（二）搬迁协议中载明的“共居人”享有哪些具体的搬迁利益？ / 068
普法提示 / 070
案例二 “空挂户”人员是否有权分割户籍所在地的搬迁利益？——享有优惠购房指标的“空挂户”人员有权获得相应搬迁利益 / 071
案情回顾 / 071
（一）农村房屋遇搬迁获巨额补偿 / 071
（二）外嫁女起诉家人要求分割搬迁补偿 / 072
法理分析 / 073
（一）何为“空挂户”？ / 073
（二）“空挂户”人员是否享有搬迁利益？ / 074
（三）“空挂户”人员是否有权分割各项货币补偿？ / 075
（四）“空挂户”人员是否有权分割安置房？ / 077
知识拓展 / 077
（一）“空挂户”问题探究 / 077
（二）“空挂户”人员是否属于宅基地使用权人？ / 078
普法提示 / 079
案例三 购买农村房屋是否可以取得搬迁利益？——城镇居民购买农村房，起诉分割搬迁利益获支持 / 081
案情回顾 / 081
（一）城市居民购买农村房，合同被判无效 / 081

（二）购房人诉至法院主张农村房腾退补偿利益 / 082
法理分析 / 083
（一）非本集体经济组织成员购买农村宅基地房屋的合同无效 / 083
（二）合同无效后，腾退补偿利益根据合同双方的过错程度予以分割 / 084
知识拓展 / 086
（一）合同无效后的返还财产 / 086
（二）合同无效后的折价补偿 / 087
（三）合同无效后的损害赔偿 / 088
普法提示 / 088
案例四　承租期间房屋被搬迁，承租人合法权益受损怎么办？——承租人可就租赁房屋被搬迁所遭受的损失向出租人主张权益 / 090
案情回顾 / 090
（一）外村小伙租用“养殖场”内自建房 / 090
（二）房屋被搬迁，补偿款归属引争议 / 091
法理分析 / 092
（一）李老汉与刘来生之间的《租赁合同》应如何处理？ / 092
（二）刘来生能否要求李老汉赔偿损失、分得搬迁利益？ / 093
知识拓展 / 095
（一）“搬迁款”的常见构成 / 095
（二）租赁关系结束后装饰装修成果的归属问题 / 096
（三）承租房屋面临搬迁时出租人、承租人应如何应对？ / 097
普法提示 / 098

第四章　继承案件中搬迁利益的分割与认定

案例一　起诉分割巨额遗产，搬迁利益花落谁家？——解析被拆除翻建的

宅基地房屋继承中的价值判定和分割方式 / 101
案情回顾 / 101
（一）搬迁利益分配引来亲人反目 / 101
（二）来自被告方的不同看法 / 102
（三）房屋权属上的激烈交锋 / 102
法理分析 / 103
（一）搬迁利益中的遗产析分 / 103
（二）分家另过子女“拿钱不拿房”/ 105
知识拓展 / 105
（一）“房地一体”“一户一宅”和实质公平等原则影响下的宅基地房屋分割 / 105
（二）宅基地房屋“地随房走”的裁判逻辑 / 106
（三）如何判断宅基地房屋的权利人？ / 107
普法提示 / 108
案例二　兄弟三人共同签署《分家单》，分家析产是否有效？——有效的分家析产应由家庭成员共同参与并协商一致 / 110
案情回顾 / 110
（一）兄弟三人协商签署《分家单》/ 110
（二）父母、姐妹起诉要求确认《分家单》无效 / 111
法理分析 / 112
（一）兄弟三人协商签署的《分家单》是否有效？ / 112
（二）张小龙、张宝龙能否取得《搬迁房屋补偿协议》中所载明的搬迁利益？ / 114
知识拓展 / 114
（一）确定家庭成员，不要“少人”/ 115
（二）厘清家庭财产，不要“漏财”/ 116
（三）协商一致须立字为据，不要“偷懒”/ 117

普法提示 / 118

案例三　遗嘱处理农村房屋后腾退搬迁利益如何分配？——解析继承农村房屋后腾退搬迁利益分割问题 / 120

案情回顾 / 120

法理分析 / 121

知识拓展 / 123

（一）遗嘱处分农村房屋后，哪些情形会导致遗嘱被认定无效或者不发生法律效力？ / 123

（二）在遗嘱处分房屋后、被继承人死亡前进行房屋的腾退搬迁，其他继承人是否能够要求继承腾退搬迁利益？ / 125

（三）遗嘱将房屋留给一人或数人继承，被继承人死亡后进行的房屋搬迁腾退，腾退搬迁利益如何在继承人中分配？ / 125

（四）城镇居民等非集体经济组织成员能否继承农村房屋？ / 126

（五）非本集体经济组织成员能否通过遗赠的方式获得农村房屋？ / 127

普法提示 / 127

第五章　婚姻案件中搬迁利益的分割与认定

案例一　一方婚前取得的宅基地遇搬迁时配偶能否享有权利？——解析婚前取得宅基地所涉搬迁利益的分配原则 / 131

案情回顾 / 131

（一）农村夫妻离婚引诉讼 / 131

（二）婚前宅基地搬迁利益如何分配？ / 131

（三）迁户能否获得配偶婚前宅基地的搬迁利益？ / 132

法理分析 / 133

（一）婚姻关系存续期间的个人财产 / 133

（二）迁户后能否对配偶婚前所有的宅基地享有权利？ / 134

（三）婚前宅基地搬迁利益是否为夫妻共同财产？ / 135

知识拓展 / 137

（一）夫妻共有财产的类型 / 137

（二）配偶一方迁户至另一方宅基地，能否享有原有宅基地的搬迁利益？ / 138

（三）《民法典》实施后的新旧法衔接 / 138

普法提示 / 139

（一）夫妻财产很重要，相关法律要知晓 / 139

（二）要分婚前宅基地，需要迁户和贡献 / 139

（三）宅基地很宝贵，放弃它需谨慎 / 140

（四）搬迁利益大，家庭价更高 / 140

案例二　以“假结婚”方式获取搬迁利益真的万无一失吗？——解析婚前财产协议对搬迁利益分配的影响 / 141

案情回顾 / 141

（一）搬迁在即，被腾退人火速结婚 / 141

（二）搬迁利益确定，夫妻二人离婚 / 142

（三）前妻与母亲对簿公堂讨要搬迁利益 / 142

法理分析 / 143

（一）高桥和刘琳签订的婚前财产协议、离婚协议对分配搬迁利益有何影响？ / 143

（二）高桥和龚小花是什么关系？对搬迁利益分配有何影响？ / 144

（三）其他因素对搬迁的影响 / 145

知识拓展 / 146

（一）搬迁腾退时可能涉及哪些搬迁利益？ / 146

（二）腾退搬迁的利益是如何确定的？ / 146

（三）结婚对获取搬迁利益是否有影响？ / 147

（四）通过“假结婚”获取搬迁利益的风险有哪些？法院是如何处

理的？ / 147
普法提示 / 149
案例三　离婚分割财产时能否直接分割涉他人的搬迁利益？——解析搬迁利益未分割时处理离婚财产的诉讼路径 / 150
案情回顾 / 150
（一）宅基地搬迁，儿媳妇成为安置人口 / 150
（二）儿子、儿媳离婚，儿媳起诉分割搬迁利益 / 151
法理分析 / 152
（一）财产涉他人利益，离婚案中难处理 / 152
（二）分家析产解难题，析清份额定纷争 / 153
知识拓展 / 154
普法提示 / 155
（一）古板观念要不得，调解优先解难题 / 155
（二）法律条文要知道，莫当“法盲”坏大事 / 156
（三）以下几点要牢记，才能维护好权益 / 156
案例四　离婚时，夫妻一方可否依据搬迁时享受的优惠购房面积分割利益？——解析优惠购房面积的财产属性及分割方法 / 158
案情回顾 / 158
（一）家遇搬迁，老婆怀孕，双喜临门 / 158
（二）夫妻缘尽，因搬迁利益对簿公堂 / 159
法理分析 / 160
（一）张燕享有的优惠购房指标，是否属于一种腾退搬迁利益？ / 160
（二）张燕作为享有优惠购房面积的安置人口，享有的腾退搬迁利益是什么，如何进行分割？ / 161
知识拓展 / 162
（一）货币搬迁政策下享有优惠购房面积的安置人可取得的搬迁利益 / 162

（二）非货币搬迁政策下获得优惠购房面积的安置人可取得的腾退搬迁利益 / 163

（三）如何处理腾退搬迁协议中预留优惠购房面积的胎儿利益？ / 164

普法提示 / 165

第六章　回迁安置房屋买卖合同的法律效力问题

案例一　买卖“小产权”回迁安置房屋，合同是否有效？——解析“小产权”回迁安置房屋买卖合同的效力及责任认定问题 / 169

案情回顾 / 169

（一）购买搬迁安置房屋却被他人装修入住 / 169

（二）房屋被占之隐情 / 169

（三）买卖“小产权”安置房屋合同无效、返还房款 / 170

法理分析 / 170

（一）“小产权”回迁安置房屋买卖合同的效力 / 170

（二）买卖双方的责任认定 / 173

知识拓展 / 175

（一）“小产权”房屋的概念及分类 / 175

（二）不同类型的“小产权”房屋权属纠纷的处理原则 / 176

（三）不同类型的“小产权”房屋买卖合同效力认定的不同处理原则 / 177

（四）《合同法》《物权法》中相关法律规定与《民法典》有关条文的对比 / 177

普法提示 / 178

案例二　业主配偶声称不知情，房屋买卖合同是否有效？——无权处分和恶意串通对合同效力的影响 / 180

案情回顾 / 180

法理分析 / 182

（一）恶意串通是合同无效的法定情形 / 182

（二）无权处分不影响买卖合同的效力 / 184

知识拓展 / 185

（一）无权处分与合同效力 / 185

（二）夫妻共同财产与夫妻对财产的处分权 / 186

普法提示 / 188

第七章　搬迁补偿合同违约相关法律问题

案例　开发商迟延交付安置房，能否要求违约赔偿？——搬迁人不履行合同义务应承担违约责任 / 193

案情回顾 / 193

法理分析 / 194

（一）合同的效力问题 / 194

（二）商住两用型房屋租金损失的计算问题 / 196

（三）搬家及房租损失的赔偿问题 / 196

知识拓展 / 197

（一）违约责任的承担形式 / 197

（二）搬迁补偿合同中常见的违约类型及处理思路 / 198

（三）签订搬迁补偿合同中的注意事项 / 201

普法提示 / 202

第一章

搬迁政策类相关法律问题

案例一

不服搬迁政策方案，是否可以向法院提起民事诉讼？

——村民自治领域不属于法院民事诉讼受理范围

唐铸[①] 王子葭[②]

案情回顾

（一）诉腾退方案侵权，村委会成被告

白云[③]原是在白家村居住多年的居民，在该村109号有房屋一处。2018年，一份《白家村宅基地腾退补偿安置方案》打破了她生活的宁静。原来，为了实施棚户区改造工作，白家村被列入改造范围，白家村村委会在2018年4月20日组织召开第八次村民代表会议，该次大会决定通过《白家村宅基地腾退补偿安置方案》，白云的房屋也在腾退范围内。

2019年7月11日，白云以侵害集体经济组织成员权益纠纷为案由将白家村委会起诉至南城区法院，要求撤销白家村村委会在2018年4月20日作出的《白家村宅基地腾退补偿安置方案》。白云表示，该决定未经到会人员的过半数同意，违反了宪法、村民组织法、合同法、民法通则、土地管理法、资产评估法等相关法律，村委会和搬迁公司未取得搬迁腾退的合法手续，表决时存在代签情况，应认定决议无效。

白家村村委会表示，白家村村民代表作出《白家村宅基地腾退补偿安置方案》是依据村委会组织法的相关规定，实行的是村务民主管理的村民自治行为，按照《中华人民共和国村民委员会组织法》第二十七条的规定，村

---

① 北京市海淀区人民法院四季青人民法庭副庭长。

② 北京市海淀区人民法院四季青人民法庭法官助理。

③ 本书案例中的人名均为化名。

民代表会议作出的决定本身违法或侵犯村民利益，应由乡镇人民政府责令改正，此争议不属于法院受理范围。白家村作出的《白家村宅基地腾退补偿安置方案》得到了白家村村民的大力支持，签约率很高，可以看出并未侵害村民的利益，白云并非白家村村民，是城镇居民，不具有集体经济组织成员身份，提起本案诉讼不符合法律规定。综上，请求法院驳回白云的诉讼请求。

（二）村民自治不归法院管，村民终败诉

南城区法院经审理后认为，起诉必须符合法律规定的起诉条件，应属于人民法院受理民事诉讼的范围，白云所诉事项属于村民自治范围内事项，不属于人民法院民事诉讼的审理范围，且白云是居民身份，并非白家村村民，最终依法裁定驳回了白云的起诉。

白云对上述判决不服，向南城市中级法院提起了上诉，她在上诉状中写道，本案符合法律规定的起诉条件，属于人民法院的受理范围，立案即说明法院可以受理。《中华人民共和国村民委员会组织法》第三十六条规定，村民委员会或者村民委员会成员作出的决定侵害村民合法权益的，受侵害的村民可以申请人民法院予以撤销，责任人依法承担法律责任。村民代表大会无权制订腾退方案，腾退方案不属于村民自治范围，其违反宪法、法律规定，应予撤销。

南城市中级法院经审理后认为，白云以《白家村宅基地腾退补偿安置方案》违反宪法、村民委员会组织法、合同法等法律为由提起本案诉讼，请求判令撤销该《白家村宅基地腾退补偿安置方案》，故本案属于围绕征地补偿费的使用、分配等涉及村民利益的事项所产生的纠纷。《白家村宅基地腾退补偿安置方案》系由白家村第十届村民代表大会第八次会议表决通过，属于村民代表会议的决定，其主要内容为村民自治范畴的事项，由其引发的纠纷不属于人民法院受理民事诉讼的范围，故一审法院裁定驳回白云的起诉并无不当。而白云依据《中华人民共和国村民委员会组织法》第三十六条上诉主张其有权申请人民法院撤销《白家村宅基地腾退补偿安置方案》，但该条规定系针对村民委员会或者村民委员会成员作出的决定，而本案所涉《白家村

宅基地腾退补偿安置方案》属于村民代表会议的决定，故白云的上诉理由不能成立。最终，二审法院裁定驳回上诉，维持原裁定。

面对二审的裁定，白云心中仍有不服，于是她向南城市高级法院提出了再审请求，她表示，一审、二审认定事实不清，要求再审。南城市高级法院经审理后肯定了一审、二审法院的裁判依据及结果，驳回了白云的再审申请。

白云与白家村村委会之间关于《白家村宅基地腾退补偿安置方案》的纠纷可谓是一波三折，历经一审、二审、再审，最终仍然免不了被法院裁定驳回起诉的结果。那么，法院民事诉讼的主管范围到底有哪些？村民自治事项包括了什么内容？白云的起诉存在什么问题而被法院认定不属于审理范围？笔者将在下文一一进行法理分析。

法理分析

（一）民事诉讼的审理范围

《中华人民共和国民事诉讼法》第一百一十九条规定了起诉的四大条件：一是原告是与本案有直接利害关系的公民、法人和其他组织；二是有明确的被告；三是有具体的诉讼请求和事实、理由；四是属于人民法院受理民事诉讼的范围和受诉人民法院管辖。那么实践中如何对此进行判断呢？

通常而言，对第一项条件“有直接利害关系”，需要结合具体案情、证据材料及双方当事人的陈述进行实质判断。

对第二项、第三项条件“明确的被告”与“具体的诉讼请求和事实、理由”，则须根据《中华人民共和国民事诉讼法》第一百二十一条予以进一步明确，即“起诉状应当记明下列事项：（一）原告的姓名、性别、年龄、民族、职业、工作单位、住所、联系方式，法人或者其他组织的名称、住所和法定代表人或者主要负责人的姓名、职务、联系方式；（二）被告的姓名、性别、工作单位、住所等信息，法人或者其他组织的名称、住所等信息；（三）诉讼请求和所根据的事实与理由；（四）证据和证据来源，证人姓名和住所”。

参考该条文的细化要求，“明确的被告”与“具体的诉讼请求和事实、理由”实际上更倾向属于形式审查的内容，即审查起诉状是否记载了相关事项。

对第四项条件“属于民事诉讼受理范围”，一方面，可以通过《中华人民共和国民事诉讼法》第三条所规定的该法的适用范围予以正面解释，即“人民法院受理公民之间、法人之间、其他组织之间以及他们相互之间因财产关系和人身关系提起的民事诉讼，适用本法的规定”；另一方面，也可以通过该法第一百二十四条所规定的法院不予受理的民事诉讼范围予以反面排除，即“人民法院对下列起诉，分别情形，予以处理：（一）依照行政诉讼法的规定，属于行政诉讼受案范围的，告知原告提起行政诉讼；（二）依照法律规定，双方当事人达成书面仲裁协议申请仲裁、不得向人民法院起诉的，告知原告向仲裁机构申请仲裁；（三）依照法律规定，应当由其他机关处理的争议，告知原告向有关机关申请解决；（四）对不属于本院管辖的案件，告知原告向有管辖权的人民法院起诉；（五）对判决、裁定、调解书已经发生法律效力的案件，当事人又起诉的，告知原告申请再审，但人民法院准许撤诉的裁定除外；（六）依照法律规定，在一定期限内不得起诉的案件，在不得起诉的期限内起诉的，不予受理；（七）判决不准离婚和调解和好的离婚案件，判决、调解维持收养关系的案件，没有新情况、新理由，原告在六个月内又起诉的，不予受理”。

（二）村民自治事项的范围与规制

村民自治，简言之就是广大农民群众直接行使民主权利，依法办理自己的事情，创造自己的幸福生活，实行自我管理、自我教育、自我服务的一项基本社会政治制度。从法律层面上说，村民自治主要受《中华人民共和国村民委员会组织法》的规制，纵观该法全文，村民自治权力的行使主体是村民会议、村民代表会议、村民委员会，而这三者绝不能混为一谈。简单来说，村民委员会是村民自我管理、自我教育、自我服务的基层群众性自治组织，负责办理本村的公共事务和公益事业，调解民间纠纷，协助维护社会治安，向人民政府反映村民的意见、要求和提出建议，属于处理村中日常事务的机构，而村民会议、村民代表会议则是村民共同决定本村重大事项的机构，村民委员会向村民会议、村民代表会议负责并报告工作，这也充分体现了村民会议、村民代表会议与村民委员会之间的关系。

对于村委会或者村委会工作人员作出的决定侵犯村民合法权益的情况，《中华人民共和国村民委员会组织法》第三十六条第一款作出了明确规定："村民委员会或者村民委员会成员作出的决定侵害村民合法权益的，受侵害的村民可以申请人民法院予以撤销，责任人依法承担法律责任。"这一条实质上赋予了村民向法院提起诉讼的权利，在民事诉讼中也存在侵犯集体经济组织成员权益纠纷的案由。因此，在现实生活中若出现该条文规定的情况，村民可以采取向法院起诉的方式维护自己的合法权益。

但村委会的权力并非万能，《中华人民共和国村民委员会组织法》第二十四条第一款规定了村委会不能单独决定而必须通过村民会议讨论决定的村民自治事项，具体规定为："涉及村民利益的下列事项，经村民会议讨论决定方可办理：（一）本村享受误工补贴的人员及补贴标准；（二）从村集体经济所得收益的使用；（三）本村公益事业的兴办和筹资筹劳方案及建设承包方案；（四）土地承包经营方案；（五）村集体经济项目的立项、承包方案；（六）宅基地的使用方案；（七）征地补偿费的使用、分配方案；（八）以借贷、租赁或者其他方式处分村集体财产；（九）村民会议认为应当由村民会议讨论决定的涉及村民利益的其他事项。"同时，该条第二款规定，村民会议可以授权村民代表会议讨论决定前款规定的事项。显然，根据该条文的规定，可以明显看出征地补偿费的使用、分配方案应由村民会议讨论决定或由村民会议授权村民代表会议讨论决定，对于经过村民会议或者村民代表会议讨论作出的搬迁政策、方案等都应属于该范围之内。

而对于村民（代表）会议所讨论决定的村民自治事项如何规制，《中华人民共和国村民委员会组织法》在第二十七条第二款、第三款进行了明确规定："村民自治章程、村规民约以及村民会议或者村民代表会议的决定不得与宪法、法律、法规和国家的政策相抵触，不得有侵犯村民的人身权利、民主权利和合法财产权利的内容。村民自治章程、村规民约以及村民会议或者村民代表会议的决定违反前款规定的，由乡、民族乡、镇的人民政府责令改正。”由此可见，如果经过村民会议或村民代表会议讨论通过的搬迁政策存在侵犯村民权益的内容，法律上并未规定通过法院诉讼的形式解决，而是应由政府责令改正。

（三）搬迁政策的效力是否属于民事诉讼的受理范围

在了解民事诉讼审理范围和村民自治的相关规定后，再让我们回归到本案，白云的起诉究竟是否属于法院民事诉讼的主管范围呢？

答案是显而易见的，仅针对搬迁政策的效力向法院提起诉讼，并不属于法院的受理范围。从白云的角度分析，她起诉的请求是撤销《白家村宅基地腾退补偿安置方案》，就此其提出了数个理由，核心观点就是该方案程序存在违法，内容上侵犯了其合法权益，依据的法律规定是《中华人民共和国村民委员会组织法》第三十六条规定的撤销权。从前文的介绍可知，该条文规定的撤销权是针对村委会或村委会成员作出的决定而言的。但是，《白家村宅基地腾退补偿安置方案》却并非村委会或者村委会成员有能力作出或决定的，该搬迁政策属于村民会议或者村民代表大会讨论决定的内容，无论该村民会议或者村民代表大会的召开是否在程序上存在瑕疵，相关村民都理应通过《中华人民共和国村民委员会组织法》第二十七条的规定进行维权，由政府出面责令改正，而非直接向法院提起诉讼。白云错误地将村民代表大会讨论通过的《白家村宅基地腾退补偿安置方案》当作村委会自行作出的决定，实质上是混淆了二者的概念，从最终结果看，白云的请求也并未得到法院的支持。

知识拓展

分析完了白云的案例和相关法理知识，我们了解到白云的起诉最终被法院驳回的原因，但这并不意味着事件就此结束，白云仍可以选择其他途径而非单纯通过民事诉讼的形式去解决她和村委会之间的矛盾纠纷。从白云的案例我们可以学到很多关于法院受理民事诉讼范围以及村民自治的相关知识，在此我们不妨跳出案件本身，再对实务中村民自治权可能受到侵犯的情形进行一番扩展讲解。

（一）乡镇政府侵害村民自治权的情形

乡镇政府对村民自治权的侵害主要有干预村民委员会换届选举、行政命令干预自治事项以及行政不作为三种情形。

干预村民委员会换届选举的行为主要表现为抵制选举、操纵选举、消极选举三种类型。抵制选举指的是乡镇政府无法定事由在法律规定的村民委员会换届期限内，不组织村民委员会选举或以行政命令禁止举行选举。操纵选举指的是乡镇政府超越权力范围，在选举各个流程中对村民选举施加影响，以实现满足自己意图的选举结果。消极选举指的是乡镇政府对于法律规定的职责不作为，对于选举过程中发生的事情毫不关心，在群众举报的情况下也不及时采取措施。

行政命令干预自治事项，在实践中主要体现为乡镇政府通过人事干预、资源诱导、基层党组织的领导甚至是直接的行政命令的方式使得政府与村民委员会之间的指导与协助的关系变成事实上的领导与被领导关系，因而，村民事务中一些应当交由村民会议或村民代表会议表决的事项变为乡镇政府的决定，结果剥夺了村民依法享有的民主权利。

行政不作为主要是指法律法规规定了行政机关、被授权组织以及他们的工作人员在某些情形下的作为义务，这些行政机关、被授权组织在客观上能够行使职责，但没有在法定期限内作为。例如，《中华人民共和国村民委员会组织法》规定了基层政府在村民自治过程中的指导、监督义务，当村民的自治权利如选举权和被选举权以及村务公开监督权受到来自村委会或其他个人的侵害时，基层政府有责任调查处理。但在实践中，存在基层政府对这些诉求回应不积极的情况，从而导致村民的权利虚置，而且大大损害了村民参与公共事务的效能感和积极性。

（二）村民委员会侵害村民自治权的情形

村民委员会作为村内的常设机构，在未召开村民（代表）会议的情况下可谓是村务管理的核心，实践中，村委会侵犯村民自治权的情形主要分为两种：

一是对村民自治民主权利的侵害。村委会作为村民自治机构，实践中可能存在以乡镇政府为领导，而不是以村民的利益和意见为主导的情况，事实上成为行政管理的附庸，阻碍了村民自治的实现。此外，拒绝召开村民会议或村民代表会议对相关事项进行讨论、拒不执行村民会议通过的议案、侵犯村务知情和村务公开监督权均属于对村民自治民主权利的侵害。

二是对村民人身、财产权利的侵害。在农村土地纠纷中，这种侵害多体现为村民委员会操纵村民代表会议决定收回、变更土地承包经营权，而村民对此毫不知情。此外还存在一类案例，村委会假借村民（代表）会议剥夺某个向上级举报村内问题的村民的户籍，或者面对村内财政审计管理，怠于行使自己的职责，也会构成对村民人身、财产的权利侵害。

（三）村民（代表）会议侵害村民自治权的情形

村民（代表）会议本是村民借以实现村民自治的机关，但实践中，村民（代表）会议制定或通过的决定、村规民约、自治章程却很可能存在侵犯村民的基本权利的情况，其主要表现形式有：其一，侵犯村民人身权利，举例而言，某村规民约规定偷盗的村民将被在胸前挂上锣去游街，又或者是规定乱扔垃圾的村民将被禁足关押一天；其二，侵犯村民财产权利，如隔壁家饲养的牲畜跑到自己家里，打死拿走也不赔钱，又或者决定通过了一个明显不符合市场价格的搬迁补偿方案等；其三，侵犯村民民主权利，这种情况更多是通过规定剥夺村民的选举资格等。

普法提示

上文已详细列举村民自治权受到侵害的各种情形，通过白云的案例分析我们也可以明确了解到，并非所有的纠纷都能通过法院民事诉讼的途径解决，那么在实践中，村民朋友们应该如何正确维护好自己的权益呢？笔者在此总结了如下途径可供解决纠纷：

1. 权力机关救济：依据法条为《中华人民共和国村民委员会组织法》第十七条，启动救济的情形为村民选举权和被选举权遭到侵害，此时村民有权向乡、民族乡、镇的人民代表大会和人民政府或者县级人民代表大会常务委员会和人民政府及其有关主管部门举报，由乡级或者县级人民政府负责调查并依法处理。

2. 行政机关救济：依据法条为《中华人民共和国村民委员会组织法》第十七条、第二十七条、第三十一条、第三十六条，启动行政机关救济的情形分别为村民选举权和被选举权遭到侵害（处理方式：乡级或县级人民政府调查并依法处理），村民自治章程、村规民约以及村民（代表）会议决定违法及侵犯村民人身权利、民主权利和财产权利（处理方式：乡镇人民政府责令改正），村务公开中村委会不及时公布应公布的事项或公布的事项不真实（处理方式：向乡镇的人民政府或者县级人民政府及其有关主管部门反映，由其调查核实、责令公布），乡镇政府干预村民自治（救济方式：上一级人民政府责令改正），村民委员会不履行法定义务（处理方式：乡镇政府责令改正）。

3. 司法救济：依据法条为《中华人民共和国村民委员会组织法》第三十六条，当村民委员会或者村民委员会成员作出的决定侵害村民合法权益的，受侵害的村民可以申请人民法院予以撤销，责任人依法承担法律责任。

4. 内部申诉：依据法条为《中华人民共和国村民委员会组织法》第十四条第二款，对登记参加选举的村民名单有异议，可当自名单公布之日起五日内向村民选举委员会申诉，村民选举委员会应当自收到申诉之日起三日内作出处理决定，并公布处理结果。

案例二

农村搬迁背景下，无批示自建房怎么分割？

——法院可处理农村无批示所建房屋的居住使用权

周红[①] 张慧聪[②]

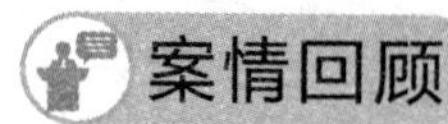

（一）农村房屋多次翻建均无审批手续

张合与刘芬是一对夫妻，二人婚后育有子女四人，分别是张云、张成、张琴、张萍，其中张萍是无民事行为能力人。张合在1982年10月27日就去世了，刘芬于1986年8月2日去世。两位老人去世后，张琴成为张萍的监护人。

张合和刘芬去世后给子女们留下了农村的一处院落，门牌号为177号。该院落于1951年由张合、刘芬取得。1960年后，形成北房二间、南房三间的格局。2000年，北房进行过翻建修缮，至2009年经张成具体主持施工，院内已形成东西各两排的格局。之后，张云又出资将西房中北数第一间门脸房及北数第二间西房再次翻建。但上述翻建都没有取得相关的建房审批手续。在房屋翻建过程中，四人也多次因为翻建的事情发生争执。

在经过这一系列的翻建、扩建后，目前该院落内有房屋八间，呈东、西两排，中间为过道，其中东房四间、西房四间。西房四间大致面积约为北数第一间16平方米、第二间16.2平方米、第三间13平方米、第四间13.3平方米；东房四间大致面积约为北数第一间13平方米、第二间19.6平方米、第三间13平方米、第四间13平方米。现在西房北数第一、二间由张云实际管理，院内其他房屋由张成实际管理。

① 北京市海淀区人民法院四季青人民法庭庭长。

② 北京市海淀区人民法院四季青人民法庭法官助理。

就177号院的分割问题，张琴与张萍以张合和刘芬去世后遗产尚未分割为由，将张成、张云起诉到了法院，要求确认177号院内房屋归四人共有，按等分原则分割院内房屋的事实产权。

（二）搬迁在即，无批示自建房分割成难题

对于张琴和张萍提出的房屋分割意见，张成表示原南房是在1964年建造的，之后被鉴定为危房，在翻建时张琴与张萍对此是知晓的。张成是独资翻建的，不是扩建，另外两间南房是张成的个人财产。门脸房两间是张云在未取得张成同意的情况下拆除原有的房屋建造的。同时，张成认为自己对房屋建造及家庭成员的扶养均承担了较多义务，应该多分。张云则同意原则上该宅院由四子女各占四分之一的份额，因张萍是无民事行为能力人，在分配遗产时应该得到照顾。但是她认为两间西房是在张琴和张成知情且同意的情况下由她独自出资翻建的，因此这两间房应归张云个人所有。

关于各方对177号院内房屋建造的贡献情况，法院结合张云、张成提交的证据，认定张云对现北数第一、二间西房的翻建、扩建具有较大贡献，并对上述房屋占有使用收益至今。张成则对现西房北数第三、四间及四间东房的翻建、扩建具有较大贡献，并对上述房屋占有使用收益至今。

但是，本案中还存在一个比较棘手的问题，那就是177号院即将面临搬迁，这意味着177号院在未来搬迁时有可能取得巨大的经济利益。但是毕竟搬迁工作还没有启动，当事人也不了解此次搬迁的具体方案。考虑到177号院的历次翻建都没有建房审批手续，此时不同的房屋分割方式可能导致未来各方获得的搬迁利益有所不同。本案的处理难点就在于无建房批示的农村自建房，在搬迁的背景下应如何分割。

法理分析

（一）农村房屋所有权的认定

农村房屋，顾名思义就是农村集体经济组织成员在集体土地上所建造的

建筑物。目前的立法在原则上对农村房屋的流转持否定态度，这导致农村房屋的所有权一般是基于建造行为取得。《中华人民共和国物权法》（以下简称《物权法》）第三十条[①]规定了因合法建造等事实行为而设立房屋物权。这意味着农村房屋所有权的取得需要有“合法建造”手续。根据《中华人民共和国土地管理法》（以下简称《土地管理法》）第六十二条第三款的规定，农村村民建住宅，应当符合乡（镇）土地利用总体规划、村庄规划，不得占用永久基本农田，并尽量使用原有的宅基地和村内空闲地。《中华人民共和国城乡规划法》（以下简称《城乡规划法》）第六十五条也规定，在乡、村庄规划区内未依法取得乡村建设规划许可证或者未按照乡村建设规划许可证的规定进行建设的，由乡、镇政府责令停止建设、限期改正；逾期不改正的，可以拆除。据此可知，农村集体经济组织成员对建房用地的使用需要经过相关部门的审批许可，不仅体现在首次建房时需依法取得宅基地的使用资格，还体现在房屋翻建、加建等房屋改造时也需依照相关规定向政府部门报批，在取得审批后才能对建设的地上房屋享有合法的利益。

“合法建房”具体需要办理什么手续可以参见各地的关于房屋登记办法的相应地方性法规及地方政府规章。一般而言，集体用地上的房屋登记的要求，即因合法建造房屋申请房屋所有权初始登记的，需提交的材料里包括了宅基地使用权证明或集体所有建设用地使用权证明以及申请登记房屋符合城乡规划的证明。与之对应的，司法实务中在审查农村房屋是否合法建造时会关注以下两个关键因素：一是房屋是否建设在合法宅基地范围内；二是建房是否经过了相关部门的审批。如果两个因素都满足，一般村民可以通过法院确认其对该房屋的所有权。但是实务中，农村未经审批自建房屋的情况比较普遍，我国的行政管理部门也较少对此类自建行为采取主动执法。当面临搬迁时，家庭内部容易因为自建房问题产生纠纷而诉至法院。如果自建房没有满足“合法建房”认定所需的两个关键因素，则可能涉及违法建筑的认定问题。

① 此条对应《中华人民共和国民法典》（以下简称《民法典》）第二百三十一条。

违法建筑是指未取得建设工程规划许可证或者未按照建设工程规划许可证规定进行建设的建筑物和构筑物。违法建筑因建设行为的违法性，不能发生设立物权的法律效果，建造人对违法建筑也不享有物权权益。因此，因违法建筑的归属和内容发生争议的，人民法院不予受理，会告知当事人向有关行政主管部门申请解决。如果违法建筑是家庭共有财产，共有人请求分割违法建筑的，原则上法院是不予支持的，但对违法建筑产生的收益，应作为共同财产进行分割。但需要注意的是，法院并非违法建筑的认定部门，不宜对诉讼案件中所涉及的建筑物、构筑物是否属于违法建筑予以认定。

本案中的自建房屋属于在合法宅基地范围内建造的未办理建房审批手续的房屋，所以法院无法直接根据房屋现状直接判定建房人享有对所建房屋的所有权。但在诉争的自建房没有被相关行政部门认定为违章建筑并被责令拆除的情况下，其是否属于“违法建筑”尚不明确，此时如果当事人起诉至法院要求分割此类房屋，法院也不宜直接以“违法建筑”为由对当事人的诉讼请求不予支持。

（二）宅基地范围内未经审批所建的房屋具有使用价值

在合法宅基地范围内建造的没有建房审批手续的房屋与经审批建设的房屋在搬迁之前是具有同样的现实使用价值的。除此之外，此类房屋在实践中也可能会因为搬迁事宜带来一定的未来收益。实践中，部分搬迁主体出于历史因素、减少搬迁阻力等目的的考虑，可能会就此类房屋给予一定的腾退搬迁补偿。这意味着，法院有必要正视此类房屋分割的实际需求，处理此类房屋的居住使用权。

在本案中，法院认为涉诉院落是张合、刘芬夫妇留下的，张琴、张萍、张成、张云四人作为其法定继承人对该院落形成共有关系。但本案诉争房产历经数次翻建，已在物权形态上发生多次改变。因此在分割涉诉房产时应该根据现有房屋状态及权利人贡献大小、实际居住使用情况进行综合考虑。但是，因该院落房屋所有的翻建、扩建都没有办理合法的审批手续，这就导致法院无法处理该房屋的所有权事宜，仅能对房屋的居住使用权利在四子女之间进行处理。

法院从尊重历史及维护各方权益的角度出发，综合考虑该院落的建房历史过程及权利人之间的法律关系，认为张云、张成所占整体份额应予酌增，最终法院判令西房北数第一、二间由张云居住使用，西房北数第三、四间及东房北数第三、四间由张成居住使用，东房北数第一间由张萍居住使用，东房北数第二间由张云居住使用。

除了本案中的房屋以外，现实中还存在着同时不满足“合法建房”认定的两大关键因素的房屋。此类房屋占用土地的行为本身就是违法的，也自然无法取得审批建房的手续。比如，占用了公共的集体土地或者他人的宅基地。此类建房行为一般构成侵权行为，对此类房屋产生的相邻关系纠纷等，法院会依法审理并裁判。但是针对此类房屋引发的确权或析产等纠纷，法院一般是不予处理的。即便从实际解决争议、化解矛盾的角度参照宅基地范围内的未经建房审批的房屋进行了居住使用权的分配，也应在裁判文书中明确声明法院的裁判不能作为此类房屋的合法性依据，不影响其他的权利人，如合法的土地使用权人主张相关民事权利，也不影响相关行政机关对此类房屋依法做出处理。

知识拓展

（一）农村房屋建设手续的许可

在北京地区，村民建房占用原有宅基地、村内空闲地和其他非耕地的，一般需要经乡镇人民政府审核，由区、县人民政府批准。申请利用原有宅基地进行住宅建设的，则需向乡镇人民政府申请乡村建设规划许可证。但是在新形势下各地方的农村房屋建设情况可能有所不同，且农村房屋问题涉及很多历史问题。所以，各地对农村房屋的建设规划许可手续的申请、审批等程序一般都是原则性规定。在这方面行政机关之间的职责划分不够明晰、建房审核的标准不够具体等因素也导致了执法的被动与疲软。在没有合法的权利人向建房人主张权利、追究责任前，此类房屋在日常生活中与合法建造的房屋一样由建造人等居住、使用。在北京大部分地区，此类房屋还会因出租行为产生租金收益等。

（二）农村建房的权属认定条件

房屋权属的登记是房屋权属确认的公示形式，因此集体土地上农村房屋登记的审查与农村房屋权利确认的审查标准是基本一致的。因合法建造房屋申请房屋所有权初始登记的，一般提交的材料有登记申请书、申请人的身份证明、宅基地使用权证明或者集体所有建设用地使用权证明、申请登记房屋符合城乡规划的证明、房屋测绘报告或者村民住房平面图及其他必要材料。前文主要讨论了宅基地使用权证明或者集体所有建设用地使用权证明、申请登记房屋符合城乡规划的证明。房屋测绘报告或者村民住房平面图一般会体现在建房审批手续中，可以在审核建房审批手续时一并进行审查。

申请村民住房所有权初始登记的，需提交申请人属于房屋所在地农村集体经济组织成员的证明。实务中，关于身份属性是否属于认定“取得合法建房”的隐含条件的问题。笔者认为，宅基地使用权是无偿分配给农村集体经济组织的成员的。被分配的权利人去世后，根据《国土资源部、中央农村工作领导小组办公室、财政部、农业部关于农村集体土地确权登记发证的若干意见》第六条的规定，已经拥有一处宅基地的本农民集体成员、非本农民集体成员的农村或城镇居民，因继承房屋占用农村宅基地的，可按规定登记发证，在《集体土地使用证》记事栏应注记“该权利人为本农民集体原成员住宅的合法继承人”。如果按照该条款的规定，在司法实践中，身份属性并非“合法建房”审查认定的必要因素。

另外，对未依法取得规划许可、施工许可或者未按照规划许可的面积等内容建造的建筑申请登记的房屋，登记机构是不予登记的。这也反向说明了此类房屋的权利存在瑕疵，不应由法院直接确认此类房屋的所有权权属。

（三）房屋建设审批情况对搬迁补偿标准的影响

建房审批手续是否取得不仅关系到搬迁前各权利人对被搬迁房屋的分割事宜，而且也可能会影响到未来搬迁利益的获得情况。以北京为例，《北京市集体土地房屋拆迁管理办法》第十八条规定：拆迁补偿中认定的宅基地面积应当经过合法批准，且不超过控制标准。未经合法批准的宅基地，不予认定。经合法批准的宅基地超出控制标准的部分，不予补偿。除外规定仅限于1982年以前经合法批准的宅基地超出控制标准的部分，可以给予适当补偿。据此可知，原则上对于合法宅基地之外所建房屋是不应给予搬迁补偿的。

关于建房审批手续，根据《北京市集体土地房屋拆迁管理办法》第十九条的规定，拆迁补偿中认定宅基地上房屋建筑面积，以房屋所有权证标明的面积为准或按照批准的建筑面积认定。2003年8月之前宅基地上已建成的房屋，未取得房屋所有权证和规划行政主管部门批准建房文件，但确由被搬迁人长期自住的，给予适当补偿。2003年8月之后在宅基地上新建、改建、扩建的房屋，如果未取得相关建房审批文件的，在搬迁房屋时是应不予认定的。据此可以看出，对于未经建房审批许可而盲目自建的行为，搬迁过程中原则上都是持否定性评价的。即便暂时通过法院确认了对此类房屋的使用权，搬迁时此类房屋也可能不被认可，将面临无法获得房屋补偿的高风险。

（四）未来的搬迁对于农村房屋权属分割的影响

司法实务中，对于没有经过合法审批手续的房屋使用权的分割方式有两种：一种是直接确认具体房屋归谁居住使用；另一种是确认房屋由全体权利人共同居住使用，同时明确每人可以居住使用的房屋面积。两种方式各有优劣。在分割方式的选择上，根据具体案件情况的不同，法官会有比较大的自由裁量权。但由于搬迁政策中对于合法房屋的认定标准与法院在实务中对合法建设的农村房屋的认定标准有所差异，导致了在农村房屋搬迁过程中对没有审批确认的房屋建设情况的认定和补偿标准的混乱。由于此类纠纷中当事人主要考虑的就是未来的搬迁利益，可是在起诉至法院时，当事人对于未来的搬迁政策却多数不知情，此时就面临如何兼顾当事人的现实利益和未来的搬迁利益的问题了。对此，从法律效果与社会效果相统一的理念出发，一般会在此类案件纠纷的解决中重点考量以下因素：

1. 当事人的约定。如果对房屋享有使用权的权利人对于此类房屋的使用曾经有过合法有效的约定，原则上应依照当事人的约定划分房屋的使用权。但主张按照该约定分配房屋居住使用权的当事人应该就存在约定这一事实提出主张并提交相关的证据来证明。

2. 房屋结构。这里的房屋结构主要指的是房屋层高、房间的布局等因素。其中房屋层高是与未来可能涉及的搬迁事宜密切相关的要素。在司法实践中，当事人所提交的合法建房审批手续中对于所建房屋一般都有高度的限制，超过一层的自建房即便有补偿，其补偿标准也会远低于一般的合法建造的房屋补偿标准。如果诉争的无建房批示房屋同时涵盖了一层与二层及以上楼层，此时直接确认具体的房屋由某一方来居住使用，可能会导致在未来搬迁时各方的利益失衡，此时确认各方对无建房批示的房屋共同居住使用为宜。如果只涉及一层，就可以根据房屋的布局情况在权利人之间进行使用权的实际分配。

3. 权利人的情况。此时主要考虑两点：一是有使用权的当事人与诉争需要分割的无建房批示的独立房屋间数和房屋面积能否相对应。如果可以相对应，依此直接判定权利人对具体房间的使用权即可。如果无法对应上房屋的面积和间数，一般也会采取第二种分割方法，就是明确各方对所有的房屋共同使用，或者以房屋面积为单位明确各方的居住使用权情况。二是权利人之间的关系，如果权利人之间的关系本就已势同水火，无法共处，此时在客观条件允许的情况下，一般优先考虑第一种分割方式。即便因为有使用权的当事人与诉争需要分割的无建房批示的独立房屋间数和房屋面积无法对应，只能确认各方所享有的房屋使用权的面积，也可以确定各自所占面积后，从减少矛盾的角度出发就房屋现状的使用问题另行判定各方对房屋内某些独立房间享有使用权。

4.《民法典》未对原《物权法》中对于农村所建房屋的权属认定及分割

的规定进行调整，本文不再对此展开赘述。

普法提示

农村宅基地及地上房屋的确权与管理是一块最难啃的“硬骨头”，但是宅基地及宅基地上的农村房屋是关系到我国农村集体经济组织成员安身立命之所在。宅基地及地上房屋的管理有序、权属清晰是农村和谐稳定的基础。但农村搬迁问题就像是现代社会检视我们生活与工作的一面镜子，不仅折射出我们在农村宅基地及地上房屋的确权和管理上的薄弱，也在一定程度上反映出农村伦理与法治发展的关系。

作为公民来说，应该树立农村房屋的建设需提前取得宅基地使用权及建房规划审批许可的意识。如果未经建房规划许可而建造房屋，法院仅可就此类房屋的居住使用权进行处理。

在此提示以下内容：（1）只能在自己申请的合法宅基地上建造房屋；（2）建造房屋需要提前申请建房规划审批许可；（3）实际建造房屋应严格按照审批许可中的规划进行规范化建设；（4）不建议在农村房屋搬迁前盲目改建、扩建、加建房屋；（5）在法院以裁判方式确定房屋的居住使用权后，需严格约束自身行为，合理使用该房屋，避免新的矛盾发生。

第二章

搬迁协议的签订与效力问题

案例一

未签协议房屋即被拆，如何主张权利？

——解析腾退人与被腾退房屋权利人未就安置补偿方案达成协议房屋即被拆除情况下的维权路径

董琳雪[①]

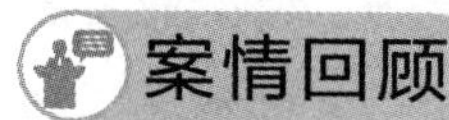

案情回顾

（一）安置补偿方案未谈妥房屋即被拆除

叶兰与安然原为夫妻，两人原住在太阳乡月亮村 1 号房屋（以下简称 1 号房屋），该院落是 1993 年由太阳乡所属区土地管理局批给叶兰使用的，颁发了集体土地建设用地使用证。2008 年，叶兰与安然登记离婚。2014 年，法院出具的民事调解书确认了 1 号房屋中东侧北房三间、东厢房三间、东侧南房两间及南房北侧靠东房屋一间归安然居住使用；西侧北房两间、西厢房三间、西侧南房两间及南房北侧靠西房屋一间归叶兰居住使用；中间南房、中间南房北侧的房屋及玻璃瓦顶房间由双方共同居住使用。

近年来，太阳乡月亮村村内基础设施损坏严重、流动人口多、违章建设屡禁不止，生活和治安环境堪忧。2014 年 4 月，月亮村启动环境整治项目住宅房屋腾退安置工作，但叶兰与安然一直未能与搬迁主体就腾退安置方案达成协议。2014 年 9 月 4 日，1 号房屋被拆除。叶兰与安然认为 1 号房屋系被强拆，于 2016 年将太阳乡人民政府（以下简称太阳乡政府）诉至法院，要求将 1 号房屋恢复原状。

① 北京市海淀区人民法院四季青人民法庭审判员。

（二）究竟是谁拆除了房屋，原因何在？

据叶兰与安然说，2014年9月4日家门被踹开，帮拆人员手持灭火器喷了叶兰一身干粉，叶兰、安然和儿子安杰一家三口被强行押上一辆车，当时太阳乡政府的领导都在场，当日1号房屋就被拆除了。

太阳乡政府表示是月亮村村委会为了集体经济发展根据村民大会作出的决议而对1号房屋实施了帮拆。月亮村村委会也出具说明表示，2014年8月26日召开的村民代表大会认为腾退中的滞留户问题严重影响了村产业发展和村民利益，对经多方工作仍不腾退的滞留户，村委会将采取有效措施，帮助其腾退搬迁，会议决定批准《月亮村村民委员会关于对环境整治项目未腾退户实施帮拆意见》；2014年8月27日村委会向村民发出告知书，告知村民，村民代表大会已经审议通过，对个别滞留户经过多方面做工作仍不腾退搬迁的，村委会将采取有力措施予以帮助腾退搬迁，同时希望村民们认真考虑、尽快协商沟通、早日实现搬迁腾退，以免自家的利益受到影响；2014年9月1日至9月9日，村委会根据村民代表大会决议，对经多方工作仍不腾退的滞留户实施了帮助其腾退搬迁的措施，其中包括叶兰和安然。但叶兰与安然不认可是月亮村村委会对1号房屋实施了拆除。在案件审理过程中，太阳乡政府向法院表示，1号房屋所在区域均搬迁完毕，绿化工作已经完成。

一审法院经审理后判决驳回了叶兰与安然的诉讼请求，二人不服，提出上诉，二审法院判决驳回上诉，维持原判。二人又申请了再审，再审申请被驳回。

实践中，腾退安置时房屋权利人通常追求利益最大化，而对腾退人来说补偿方案只能依据已经通过合法程序确定的腾退安置补偿办法等文件的规定，个别情况下也仅能考虑到权利人的家庭人口情况等因素加以细微调整，双方因此难以对安置补偿方案达成一致，导致出现一部分滞留户，影响了腾退项目的进展。腾退人此时可能会通过村民大会决议等形式对滞留户作出帮助实施拆除的决定，这种情况下房屋权利人如何维护自己的合法权益？叶兰与安然的请求又为何未得到法院的支持呢？下面我们来一一进行分析。

法理分析

（一）起诉时如何确定被告?

在腾退人与被腾退房屋权利人未就安置补偿方案达成协议时，房屋即被拆除，房屋权利人的相关合法权益受到了损害，而此时权利人如选择通过民事诉讼的方式进行维权，就会面临如何选择被告的问题。此种情况下权利人起诉时通常选择的案由为恢复原状纠纷及财产损害赔偿纠纷。恢复原状与财产损害赔偿均是侵权责任的承担形式。以过错责任为主的侵权责任的法律要件包括：侵权行为、行为人主观上具有过错、损害事实、损害事实与侵权行为之间存在因果关系。采用这两种案由进行诉讼首先都需要证明侵权行为，即被告实施了拆除房屋的行为。因此在选择被告时需要考虑的核心问题就是事实上由哪个主体实施了拆除房屋的行为。实践中，由于房屋权利人与腾退方通常矛盾激烈，就如何安置补偿僵持不下，双方沟通不畅，加之普通百姓一般是与腾退单位的某些负责人就安置补偿问题进行磋商，对于腾退单位的概念较为模糊，而作出拆除决策的主体通常是某一单位，具体实施拆除房屋行为的却只能是某些个人，因此房屋权利人难以判断这些个人代表的单位，也就无法确定拆除行为的真正实施主体，进而想当然地将乡镇政府、村委会或搬迁公司列为被告。

本案中，叶兰与安然是被腾退房屋权利人，将太阳乡政府起诉至法院，但太阳乡政府答辩时表示实施拆除行为的主体并非该政府，而系月亮村村委会，月亮村村委会也出具说明予以认可。虽在本案判决中，法院未以拆除行为实施主体问题作为判决的依据，但当事人诉讼中依然应予重点注意。在案件审理过程中，房屋权利人应对侵权责任要件之一的侵权行为承担举证责任，如无法证明被告实施了拆除行为，则可能会败诉。因此，房屋权利人不应盲目选择被告。腾退搬迁改造项目中实施帮助拆除一般是依据村民大会决议，通常留有合法的手续且对拆除过程采取录像等方式进行记录。此时，房屋权利人可以找到腾退项目部等部门或相关工作人员进行确认，核实究竟是哪个单位实施了搬迁行为。有时因矛盾较为激烈，公安部门可能会介入，亦可向公安部门进行询问核实，并留存相关证据，以提高诉讼效率。

（二）诉讼请求如何确定？

我们就司法实践中房屋权利人起诉时通常选择的两大案由恢复原状纠纷与财产损害赔偿纠纷来进行分析。对于恢复原状，判断原告的主张能否成立，不仅要审查是否满足侵权责任的法律要件，还要考虑原告请求的内容是否具有实现的可能性。恢复原状是行为人将毁损的物恢复到毁损前状态的一种责任方式，这种责任方式的目的在于使物的使用价值和价值得以恢复。但恢复原状的适用必须满足以下条件：1. 财产在客观上具备恢复原状的可能性，如果财产毁损严重导致无法恢复原状或恢复原状存在明显重大困难，则不宜判令恢复原状；2. 恢复原状的成本在合理范围内，如果恢复原状的费用高于财产的价值，则没有恢复原状的必要，而应采取赔偿损失等方式使权利得到救济。

本案中，叶兰与安然所有的 1 号房屋不宜恢复原状。第一，1 号房屋位于月亮村，该村已经被纳入腾退改造的范围内，在拆除之后要按规划用途进行建造，因此将该村中的某一房屋恢复原状不符合社会公共利益，无法实现，在事实上不具备恢复的可能。第二，若要将 1 号房屋恢复原状，产生的费用将远远高于房屋本身的价值，不宜恢复原状。第三，房屋作为居住场所除了外观以外，尚需具备日常生活必备设施及条件，1 号房屋处于腾退改造范围内，村内绝大多数房屋已经被拆除，日常生活所需的设施和条件均已经不存在，即便将房屋恢复原状也无法达到居住的目的。因此法院难以支持叶兰与安然的诉讼请求。对于当事人承担民事责任的方式，法院既要考虑当事人的主观过错、损害结果等要件，又要兼顾财产的效用，在权利得以救济的同时达到物尽其用的效果。

本案的情况并非个例，在司法实践中房屋权利人起诉要求恢复原状通常难以得到法院的支持。因此，主张损害赔偿对房屋权利人来说是更为适宜的方式。但该种方式也存在一定障碍：权利人的损失难以确定。首先，被拆除的房屋已经不存在，不具备评估鉴定的可能性，因此难以对房屋的实际价值进行准确判断，法院可能参考的因素包括腾退安置方案及腾退工作前期对房屋的调查情况等材料。其次，权利人主张损害赔偿以侵权人侵害其财产权益为基础，而宅基地使用权及宅基地上房屋所有权均属财产权益，加之有的地区的腾退搬迁政策除考虑宅基地与地上房屋权益外，还包含给予被安置人口人均一定面积安置房屋的情况。因此，如权利人的诉讼请求中包含了除房屋及附属设施设备本身的损失外的其他损失，能否得到支持、计算标准为何，法院将根据案件具体情况予以判断。

知识拓展

基于我国宅基地管理政策和相关法律规定、宅基地上房屋建设的惯常做法及农村家庭生活的现实情况，农村宅基地上的房屋通常涉及多个权利人，在农村腾退改造项目中，如遇未签订安置补偿协议房屋即被拆除的情形，维权时除了涉及被告的主体问题，还应特别注意原告的主体问题。

（一）核查是否遗漏必要共同诉讼人

共同诉讼分为必要共同诉讼与普通共同诉讼。必要共同诉讼是指当事人一方或双方为两人以上，具有同一诉讼标的，法院必须合并审理且在裁判中对诉讼标的合一确定的共同诉讼。普通共同诉讼是指当事人一方或者双方为两人以上，其诉讼标的是共同的，或者诉讼标的是同一种类、人民法院认为可以合并审理并经当事人同意的共同诉讼。

必要共同诉讼与普通共同诉讼的区别主要有以下几点：1. 诉的可分性不同，必要共同诉讼是一种不可分之诉，诉讼标的只有一个，共同诉讼人一方不能分别主张权利，必须在同一诉讼程序中共同进行诉讼，原因在于共同诉讼人一方对诉讼标的有共同的权利或共同的义务；而普通共同诉讼是一种可分之诉，至少存在两个以上的性质相同的诉讼标的，普通共同诉讼人各自分别与对方有一个独立的诉讼标的，在实体上没有共同的权利和义务，当事人可以分别主张权利。2. 共同诉讼人之间的关系不同，必要共同诉讼人之间关系紧密、不可分割，某一人的诉讼行为经过其他共同诉讼人同意或认可则对全体共同诉讼人发生效力；普通共同诉讼人之间相互独立，每个人对自己的诉讼行为负责，不对他人发生法律效力。3. 法院的追加方式不同，追加共同诉讼人参加诉讼是法院依职权进行，是对诉讼的干预，适用范围有限，对于必要共同诉讼，法院必须依职权追加共同诉讼人，当事人没有选择权，而普通共同诉讼则不然，当事人可以选择合并审理，也可以选择分别审理。4. 裁判的作出不同，必要共同诉讼的裁判必须统一作出，普通共同诉讼的裁判应分别作出。

对于必要共同诉讼，常见于法律的明确规定。例如，在继承纠纷中，部分继承人起诉的，人民法院应通知其他继承人作为共同原告参加诉讼，被通知的继承人不愿意参加诉讼又未明确表示放弃实体权利的，人民法院仍应将其列为共同原告；在追讨赡养费案件中，债权人起诉部分赡养义务人的，人民法院应追加其他赡养义务人员为共同被告；无民事行为能力人、限制民事行为能力人侵权的，应由侵权人和其监护人作为共同被告；共有财产权受到他人侵害，部分共有权人起诉的，其他共有权人应当被列为共同原告等。

因房屋加建、翻建等情形及继承的发生，农村宅基地上房屋常由多个权利人共有。实践中，房屋各权利人之间也常存在矛盾，或因对房屋权属分割存在不同意见，或因对房屋安置补偿方案存在分歧，导致出现只有部分共有权人起诉主张权利的情形。而依据上述对共同诉讼制度的分析，被拆除房屋作为各权利人的共有财产若受到侵害，需要诉讼主张权利，全部共有权人均应作为原告参加诉讼。《最高人民法院关于适用〈中华人民共和国民事诉讼法〉的解释》第七十三条规定："必须共同进行诉讼的当事人没有参加诉讼的，人民法院应当依照民事诉讼法第一百三十二条的规定，通知其参加；当事人也可以向人民法院申请追加。人民法院对当事人提出的申请，应当进行审查，申请理由不成立的，裁定驳回；申请理由成立的，书面通知被追加的当事人参加诉讼。"第七十四条规定："……应当追加的原告，已明确表示放弃实体权利的，可不予追加；既不愿意参加诉讼，又不放弃实体权利的，仍应追加为共同原告，其不参加诉讼，不影响人民法院对案件的审理和依法作出判决。”根据上述规定，此种情形下如遗漏共同原告，法院将依职权追加。因此，为提高诉讼效率，建议房屋各权利人友好协商，对于如何主张权利达成一致意见再行起诉。但如各共有权人确实无法就诉讼事宜达成一致，部分共有权人也可先行起诉，案件受理后法院将从实体上审查房屋权属情况，如认定确实遗漏共同原告，再针对不同情况分别处理。遗漏的共同原告明确表示放弃权利，可不追加；如不配合参加诉讼，也不放弃实体权利，法院亦应追加后进行审理和裁判。

（二）搬迁协议 / 安置补偿协议遗漏的房屋共有权利人主张权利的路径

对于安置补偿方案未达成协议的情况下房屋即被拆除，司法实践中还存在另外一种特殊情况：房屋确已被拆除，但拆除之前腾退方已就房屋的安置补偿与其确定的权利人签订了协议，但被腾退人及被安置人外的其他人认为自己才是房屋的权利人或共同权利人而搬迁方未与自己签订协议，以此主张赔偿损失或恢复原状。下面以李军一案为例，分析此种情况下应如何主张权利。

李军与王华原系夫妻关系，2010 年经法院判决离婚，判决同时判令双方居住的 2 号院内房屋中的三间归李军所有。2017 年 2 号院所在区域开始进行棚户区改造，2 号院也在搬迁范围内。2017 年，王华与星星公司签订了《集体土地住宅房屋搬迁货币补偿协议》，家庭人口包括王华和其与李军的孩子王强。后王华将 2 号院内房屋交给云朵公司拆除，其中也包含了法院判决归李军所有的三间房屋。2018 年李军向蓝天区住建委提交裁决申请，要求星星公司对其进行独立搬迁补偿安置，蓝天区住建委决定不予受理。李军先后申请行政复议、提起行政诉讼，要求对其进行补偿安置，均未被支持。在行政诉讼中，法院认为，根据《搬迁实施方案》第九条、第十四条的规定，经认定小组认定，王春平为涉案宅基地的使用人，同一宗宅基地内出现离婚等分户情况，按一宗宅基地进行认定，补偿款和安置房分割由被搬迁人自行协商处理。李军又向法院提起民事诉讼，以财产损害赔偿为案由要求被告星星公司与云朵公司赔偿其房屋被拆除的损失或恢复原状。法院经审理认为，星星公司与云朵公司拆除2号院房屋的依据是《房屋搬迁许可证》、搬迁实施方案及王华作为被搬迁人与星星公司签订的《集体土地住宅房屋搬迁货币补偿协议》、交房验收单材料等，《集体土地住宅房屋搬迁货币补偿协议》中已经包括了李军要求裁决的房屋，如李军认为其房屋被拆除给其造成了损失，应与王华协商解决，而非向星星公司、云朵公司主张侵权责任，最终裁定驳回了李军的起诉。

该案中，李军确系2号院中三间房屋的权利人，对于李军来说房屋确实是在搬迁人未与其就搬迁货币补偿签订协议的情况下拆除，但整个院落的补偿安置问题已经由王华与星星公司签订的《集体土地住宅房屋搬迁货币补偿协议》确定，李军所有的三间房屋也包含在内，星星公司与云朵公司拆除房屋存在依据。此种情况下李军主张权利的途径通常为：如判决中所述，与王华协商解决；如协商不成，可就王华已经签订的搬迁货币补偿协议的效力问题向法院起诉，在效力问题解决后再视情况处理；不就协议效力问题提出异议，直接就王华所得搬迁利益主张分割。

实践中，像李军这样的情况并不少见。这种情况下，如认为自己是房屋权利人之一，但其他权利人已经签订的搬迁协议中遗漏了自己，采取行政诉讼或要求搬迁方承担侵权责任的途径并不可行，难以实现自己的诉讼目的。同一宅基地内因婚姻家庭身份关系的变更引起的分户，搬迁方常以搬迁腾退方案为依据按一宗宅基地进行认定，就该宅基地及地上物仅签订一份补偿协议。而未被纳入补偿协议的房屋权利人，采取上述所分析的李军主张权利的可行性诉讼途径为宜。

普法提示

近年来，出于居住环境治理、城市整体规划等需要，农村地区的腾退改造项目如火如荼地进行。这些项目在经过法定程序报批后已被纳入城市规划之中，需要按计划时间进行。但因对安置补偿方案的不满，一些滞留户迟迟不与腾退方签订协议，严重影响了项目进度。为顺利完成拆改工作，村委会通常会组织村民大会对上述问题进行讨论，作出决定并依据村民决议按照相应程序帮助滞留户拆除房屋。但帮助拆除后，并不意味着房屋权利人无法得到安置补偿利益。拆除前村集体组织通常会对房屋情况进行调查、评估并形成资料备案，在拆除后权利人依然可以依据腾退改造总体方案要求搬迁方对其进行补偿安置。但现实生活中，房屋权利人与腾退方通常矛盾激烈、难以调和，权利人只能通过诉讼方式向腾退方提出要求。权利人起诉要求恢复原状及赔偿地上物的损失通常不是最终目的，而且根据上文的分析，这也不是解决问题的最终方法。对于安置补偿利益，最好还是以签订协议的方式予以确定。恢复原状事实上不具备履行可能，要求赔偿损失可能也只能使权利人的一部分权益得到救济，而对腾退方与被腾退方来说最为适宜的方式就是对安置补偿方案进行友好协商。在房屋权利人方面，对安置补偿方案的要求应合理合法，客观审视腾退改造工作，认真考虑、尽快协商，避免自身利益受到影响而为维权投入更多的时间和经济成本。在腾退人方面，也应本着解决问题的态度、以现有政策为依据并考虑被腾退方的实际困难，加大对腾退搬迁政策的宣传力度，多做解释工作，投入更多的时间和精力与村民协商，避免激化矛盾，引发不必要的纠纷。

案例二

宅基地户主离世，搬迁协议谁能签订？

——解析搬迁协议无效的法律情形

王子葭[①]

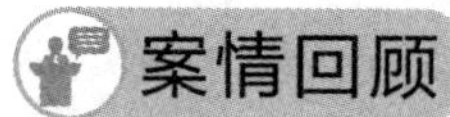

（一）孤寡老人离世，遗留农村院落

张建国与张高氏夫妇二人生有三名子女，分别是张老汉、张翠花和本案的被告张莲花。张翠花和李四为夫妻关系，二人生育四女一子，分别是李秀秋、李秀冬、李建军及本案的原告李秀春、李秀夏二人。张老汉一生并未结婚，亦没有留下子女，青龙村曾给张老汉单独批有青龙村 9 号院的宅基地一处，张老汉于 1976 年左右在院内建设了一排北房。张建国与张高氏分别于 1985 年、2004 年离世，二人的父母也早已离世。张老汉于 2008 年离世，生前未留遗嘱。张翠花、李四分别于 2010 年、2011 年离世。在张老汉离世后，其院落处于闲置状态，也就被他的亲姐妹张翠花和张莲花接手管理，张翠花夫妇去世后，李秀春、李秀夏两人着手和张莲花一起管理该院落。

（二）院落搬迁安置，亲人反目相争

2018 年年底，青龙村启动了搬迁改造工作，本案的另一被告建安公司是负责搬迁工作的主要单位。同年 12 月，建安公司和张莲花签订了《搬迁补偿安置协议书》，约定将登记在张老汉名下的青龙村 9 号宅院拆除并给予相应的搬迁补偿。事情发展到这里，得知消息的李秀春、李秀夏立马表示不服，一纸诉状，将张莲花和建安公司告上法院，要求确认二被告签订的《搬迁补

① 北京市海淀区人民法院四季青人民法庭法官助理。

偿安置协议书》是无效的。

在案件审理过程中，李秀春、李秀夏表示因张老汉已故且不存在第一顺位的继承人，自己作为母亲张翠花的继承人有权继承张老汉所有的宅基地上房屋，建安公司在未通知自己的情况下与另一共有权人张莲花私自签订搬迁协议，侵犯了自己的权益，根据《中华人民共和国物权法》第九十七条[①]的规定，共有权人处分共有财产应经占份额三分之二以上的按份共有人或者全体共同共有人同意，张莲花无权自行处分9号院内的房屋。

建安公司表示，该公司作为搬迁单位，是依照搬迁政策实施所有搬迁工作的，基于张莲花是张老汉唯一健在的第二顺位继承人的身份，该公司与张莲花签订搬迁补偿协议，并严格按照政策核算补偿费用，进行补偿安置，整个过程公开透明，不存在与张莲花恶意串通的意思，因此不应认定协议无效。对于搬迁利益的分配，建安公司表示，张莲花虽是协议签订人，但这不代表搬迁利益均归其个人所有，李秀春、李秀夏等人可以通过分家析产相关诉讼进行主张。张莲花对建安公司的意见表示认可。

显然，本案双方的争议焦点非常明确，即建安公司和张莲花签订的《搬迁补偿安置协议书》是否有效？建安公司提出的张莲花作为张老汉唯一健在的第二顺位继承人身份的意见是否可以得到采纳？究竟在什么样的情形下会导致一份搬迁协议无效？在下文笔者将一一进行分析。

法理分析

（一）亲属继承，产权花落谁家？

在解决本案中搬迁协议问题前，不得不提及一个重要前提，那就是涉案青龙村9号院内房屋的产权归属。换言之，搬迁是针对被搬迁人所有的房屋和对应的宅基地进行的，在青龙村9号院原户主张老汉早已离世的情况下，

① 该条对应《中华人民共和国民法典》（以下简称《民法典》）第三百零一条。

究竟谁有资格就 9 号院签订相关的搬迁协议？

《中华人民共和国继承法》第十条[①]规定了继承人范围及继承顺序，其中第一顺序的继承人包括配偶、子女、父母，第二顺序的继承人包括兄弟姐妹、祖父母、外祖父母。当继承开始后，由第一顺序继承人继承，第二顺序继承人不继承。没有第一顺序继承人继承的，由第二顺序继承人继承。而在本案中，张老汉一生未结婚生子，他的父母张建国与张高氏也先于他离世，因此，张老汉没有第一顺序继承人，同时，张老汉也未曾留过遗嘱。那么根据法律规定，他的遗产应当由第二顺序继承人也就是他的兄弟姐妹、祖父母、外祖父母予以继承。根据查明的案件事实可以了解到，张老汉离世时，他的兄弟姐妹仅有张翠花和张莲花二人，张老汉的祖父母、外祖父母早已离世，因此，张翠花和张莲花作为张老汉的继承人有权继承张老汉的遗产。同时，根据《中华人民共和国继承法》第十三条[②]对于遗产分配的规定，同一顺序继承人继承遗产的份额，一般应当均等。因此，对张翠花与张莲花各自应继承的遗产的比例，结合法律规定分析，张老汉所遗留的青龙村 9 号院应由二人各继承 50%。

虽然结合继承相关的法律规定看，张老汉遗产继承分割问题并不难解决，就是姐妹俩一人一半嘛。但在张老汉死后，张翠花和张莲花之间却没有坐下来好好谈一谈关于分割张老汉遗产的事宜。这也就导致了在张老汉去世后、张翠花去世前，张老汉的遗产并未实际分割，而是处于张翠花和张莲花共同共有的状态，二人都属于涉案房屋的权利人，任何针对房屋的处分行为都应当经过二人的一致同意才行。而在张翠花、李四相继去世后，各方依然未要求分割张老汉或者张翠花的遗产，此时，从继承法的角度看，张翠花所拥有的对涉案房屋的相关权利也就应作为张翠花的遗产转由她的子女所继承。体现在房屋的权属上，在 2011 年李四去世后到 2018 年房屋搬迁前这段时间，张老汉的青龙村 9 号院房屋权利人就变成了张莲花及张翠花的五名子女，房屋处于六人共有的状态。

---

① 该条对应《民法典》第一千一百二十七条。

② 该条对应《民法典》第一千一百三十条。

（二）无权处分，合同效力几何？

解决了房屋权属问题后，让我们再回头来看张莲花和建安公司签订搬迁协议的效力问题。对共有权人处分共有财产，在《中华人民共和国物权法》第九十七条有明确的规定，即处分共有的不动产或者动产以及对共有的不动产或者动产作重大修缮的，应当经占份额三分之二以上的按份共有人或者全体共同共有人同意，但共有人之间另有约定的除外。张莲花签订搬迁协议的行为无疑是对宅基地内房屋的处分，基于她和李秀春等人的共有状态，张莲花在并未获得其他共有人同意的情况下签订搬迁协议，实际上属于无权处分的行为。

而对无权处分签订的合同效力问题，须参考《中华人民共和国合同法》第五十一条[①]的规定，无处分权的人处分他人财产，经权利人追认或者无处分权的人订立合同后取得处分权的，该合同有效。对于该条予以反向解读，可知无权处分订立的合同属于效力待定合同，换言之，在获得权利人追认前，无权处分签订的合同效力属于不确定的状态，如果获得了追认，那么合同生效；如果未获得追认，则合同无效。在本案中，李秀春、李秀夏等人通过向法院提起诉讼的形式要求确认搬迁协议无效，显然他们对于张莲花的行为并不认可，在李秀春等人不同意的情况下，张莲花针对青龙村 9 号院房屋和建安公司签署的搬迁协议也就没有得到其他共有权人的追认，属于无效协议。一审法院也依此作出了相应判决。而后，虽然建安公司对此判决结果不服提出了上诉，二审法院也维持了一审判决。

那么，对于建安公司在答辩时提出的张莲花是张老汉唯一健在的第二顺位继承人身份的说法应该作何评判呢？事实上，根据前文对于张老汉遗产继承的分析可以得知，在张老汉去世后，张莲花和张翠花均是张老汉的继承人，在未分割张老汉遗产的情况下，张翠花和其丈夫李四相继去世，本应由张翠花继承的张老汉遗产实际上转由其子女继承，也就是继承法上通常所指的转继承。虽然在搬迁时，张莲花属于张老汉唯一在世的第二顺位继承人，但这

---

① 该条在《民法典》中已删除。

并不代表可以排除张翠花所应继承份额，建安公司基于张莲花是张老汉唯一健在的第二顺位继承人而选择单独与张莲花签订搬迁协议，并不符合《中华人民共和国继承法》的规定。

应当注意的是，本案中的张老汉的情况比较特殊，张老汉父母双亡、一生未娶、也未留下儿女，可以说是一名彻彻底底的“孤寡老人”，但在实践中不乏存在部分子女和父母共居一户、部分子女分家另过的情况，此时若父母一方或双方去世，宅基地面临搬迁，基于“房地一体”和“一户一宅”的基本原则，对于由父母宅基地户内人员与搬迁公司单独签订的搬迁协议，虽然可能也会涉及无权处分等问题，但却不宜认定搬迁协议为无效，具体案例在本书的其他章节已有详细论述，在此不展开讨论。

综上，本案中，在张老汉的宅基地户内没有其他成员的情况下，张莲花作为张老汉的继承人，也是被搬迁房屋的共有权人之一，在未取得其他共有权人同意的情况下，私自和搬迁公司签订搬迁协议，且事后张莲花的行为亦未取得其他共有权人的追认，故该搬迁协议无效。

知识拓展

通过本文的案例分析，我们可以清楚地学习到无权处分签订的搬迁协议是如何被认定为无效的，对于搬迁协议的效力有了一个初步的了解。接下来，让我们跳出案件本身，结合合同效力的相关知识来进一步探讨搬迁协议在何种情况下会被认定为无效。

（一）合同无效的法定情形

《中华人民共和国合同法》第五十二条[①]规定了合同无效的五种法定情形，搬迁协议作为合同的一种，自然也适用关于合同无效的一般规定。具体表现如下：

---

① 该条对应《民法典》第一百四十六条、第一百五十三条、第一百五十四条。

1. 一方以欺诈、胁迫的手段订立合同，损害国家利益导致合同无效。所谓欺诈，是指一方当事人故意告知对方虚假情况，或者故意隐瞒真实情况，诱使对方当事人作出错误的意思表示；胁迫，则是指以给公民及其亲友的生命健康、荣誉、名誉、财产等造成损害或者以给法人的荣誉、名誉、财产等造成损害为要挟，迫使相对方作出违背真实意思表示的行为。该条的重点在于是否损害国家利益，即在满足欺诈、胁迫的情况下，还需要搬迁协议的内容对国家利益有损害才能认定为无效。若单纯只侵犯了第三人的利益，无法以该理由认定合同无效。

2. 恶意串通，损害国家、集体或者第三人利益导致合同无效。这里的恶意，表明合同当事人的主观心理状态为故意；串通，表明合同当事人存在通谋行为；损害，表明若履行当事人订立的合同，将导致国家、集体或者第三人利益遭受损失。从构成要件上看，需具备以下两点：一是主观上存在恶意，且合同当事人存在勾结、串通的行为，即双方对于其所签订的合同将侵害第三人的利益均明知；二是在客观上第三人将因该合同的履行遭受损害。以本案为例，张莲花和建安公司私自签订搬迁协议的行为，实质上也损害了李秀春、李秀夏等人的权益，符合恶意串通合同的客观要件，但因缺乏相关证据，无法证明建安公司和张莲花之间存在主观上通谋的情况，故无法以该条认定双方之前签订的合同无效。

3. 以合法形式掩盖非法目的导致合同无效。该条的构成通常须符合以下几点：其一，这种行为就其外表看来是合法的；其二，合同行为只是一种表象，掩盖的是一种非法的隐匿行为；其三，当事人主观上具有规避法律的故意，知道其所隐匿的行为与外表行为不一致，也就是说当事人对于达到非法目的是故意的，而不是因过失造成非法结果。此外，还需结合相关法律规定加以理解。举例而言，签订搬迁协议本身是合法的，但搬迁协议中约定的补偿内容实际上违反了其他法律规定，那么这部分就可能被认定为无效。

4. 损害社会公共利益导致合同无效。社会公共利益是社会全体或者大部分成员共同的、整体的利益，在判断合同是否因损害社会公共利益而导致合同无效时，应注意从受益范围、群众拥护度、社会经济效益、公民合法权益的损害、社会发展规律等方面进行界定。

5. 违反法律、行政法规的强制性规定导致合同无效。该条在理解上侧重点有二：其一是效力层级，合同内容须违反法律、行政法规级别的规定才能以此条为理由进行认定，对于违反地方性法规、规章乃至一些决定的情况是无法适用该条的。其二是强制性规定，结合相关司法解释，该强制性规定是指效力性强制性规定。而判断某项规定是属于效力性强制性规定还是管理性强制性规定的根本在于违反该规定的行为是否严重侵害国家、集体和社会公共利益，是否需要国家权力对当事人意思自治行为予以干预。一般来说，管理性强制性规定的侧重点在于禁止违反强制性规定的事实行为，以禁止其行为为立法目的；效力性强制性规定的侧重点则在于对违反强制性规定的法律行为，以否认其法律效力为目的。因此，在对二者区分的过程中，可以从法律、法规是否对效力有明确规定、是否涉及公共利益的侵害、是针对一方当事人的行为还是针对双方当事人的行为、是否存在例外情形的规定等方面进行判断。

（二）合同效力的其他瑕疵情况

1. 效力待定的合同

合同效力待定，是指合同成立以后，因存在不足以认定合同有效的瑕疵，致使合同不能产生法律效力，在一段合理的时间内合同效力暂不确定，由有追认权的当事人进行补正或有撤销权的当事人进行撤销，再视具体情况确定合同是否有效。通常而言，效力待定的合同分为以下三种情况：第一，限制民事行为能力人订立的合同；第二，无权代理人以本人名义订立的合同；第三，无处分权人处分他人财产而订立的合同。举例而言，实践中可能存在搬迁方为了搬迁工作顺利进行，哄骗卧病在床的老年人、未成年人、精神病患者等民事行为能力欠缺的人在搬迁协议上签字按手印的情形，他们签订的协议是属于效力待定的合同，需要经过其法定代理人的追认才能产生效力。

2. 可变更、可撤销合同

可撤销合同是指当事人在订立合同时，因意思表示不真实，法律允许撤销权人通过行使撤销权而使已经生效的合同归于无效的合同，此外，撤销权人也可以选择变更合同，当事人要求变更的，人民法院或者仲裁机构不得撤销。《中华人民共和国合同法》第五十四条[①]规定了五类可撤销合同，具体包括：因重大误解订立的合同；因显失公平订立的合同；因欺诈订立的合同；因胁迫订立的合同；因乘人之危订立的合同。体现在个案中，可能存在搬迁单位故意隐瞒或虚构房屋评估价格、降低货币补偿标准等各类形式，或者通过胁迫的方式与被搬迁人签订搬迁合同，在此情况下，即使被搬迁人确实迫于无奈在合同上签字捺印，在事后也可以主张撤销合同，以维护自己的合法权益。

（三）《民法典》体系下合同效力的法律适用

2021 年 1 月 1 日起，《民法典》正式实施。从体例上看，《民法典》施行前合同效力的相关法律法规主要集中于《中华人民共和国民法总则》《合同法》以及相关的司法解释中。《民法典》实施后，《合同法》及相关司法解释失效，《合同法》第五十一条规定的无权处分制度在《民法典》中已不再适用，第五十二条规定的合同无效的情形及第五十四条规定的可撤销的合同亦未在《民法典》合同编中单独规定，关于合同效力问题，直接适用《民法典》总则编中对于民事法律行为效力的规定。而对于本案中搬迁协议效力的问题，若本案发生于《民法典》实施后，因《民法典》取消了无权处分签订合同效力待定的规定，因此张莲花所签的搬迁协议效力应认定为有效，但需注意，《民法典》物权编中关于共有物处分的规定并未改变，因此，其他共有权人对于所遭受的损害仍然具备求偿的权利。

普法提示

随着我国城市化的迅速推进，国家必然需要征集大量土地作为支撑，因

① 该条对应《民法典》第一百四十七条、第一百四十八条、第一百四十九条、第一百五十条、第一百五十一条。

此引发的搬迁纠纷数量日益增多，由搬迁引发的上访问题也在逐年增加。搬迁问题对社会、集体、个人三者的利益关系影响重大，也成为社会和谐与稳定的重要影响因素。关于农村搬迁中的各种问题与矛盾，归根结底是利益的纠纷问题，为便于化解矛盾纠纷，方便搬迁过程中各方厘清自己的角色定位并顺利签订搬迁协议，推动搬迁工作进展，笔者从以下几个方面进行提示：

（一）被搬迁人方面

从被搬迁人的角度说，首要任务是统一宅基地内在册人口的意见。在一处宅基地内可能集中了三代人乃至四代人的情况下，亲属之间继承、分家等因素均可能导致房屋权属的变动，现在的搬迁政策多规定有一定的奖励期，在奖励期内签订搬迁协议可获得高额补偿，若因家庭纠纷导致搬迁协议无法签订，其损失的利益最终还是由家庭成员集体承担。事实上，本案所讨论的案例就是如此，张莲花在未取得李秀春等人同意的情况下私自签订的搬迁协议最终被认定为无效，这期间产生的损失最终还是由各继承人承担。将来重新签订搬迁协议是否还能获得与之前同等的补偿尚未可知，但在法院诉讼期间产生的诉讼费、合同无效后的相关责任及为此付出的时间成本，不得不说都是一大笔损失。

此外，被搬迁人还应当注意加强法律意识、提高法治观念。其一，家庭内部分家析产或继承分割时须注意留存书面文件材料，避免事后各家说法不一、相互扯皮；其二，在自己权益受损时，须通过正当法律途径解决，不应采取聚众闹事、武力抗拆、群体性闹访等极端手段进行对抗，这种方式容易演化成违法犯罪，最终走上一条不归路。因此，笔者在此提示读者们须通过正当的信访、诉讼手段来维护自身合法权益，切莫误入歧途。

（二）搬迁单位方面

搬迁工作的实质，是搬迁利益关系的协调。利益关系协调中最大的困难和障碍，不是个别搬迁户的漫天要价、弄虚作假和无理取闹，而是搬迁利益关系人对搬迁法律和政策的不知情、不理解和对搬迁工作本身的合法性、合理性、公正性的猜疑以及由此导致的拒绝、抵制、对抗。因此，对于搬迁单位来说，保证搬迁协议高效有序签订的前提是推动搬迁相关信息的公开及宣传工作，同时，也要建立良好运行的搬迁利益相关人员参与、监督的机制。实践中，搬迁协议产生的矛盾纠纷往往是入户调查不细致导致漏人、少人而引发的，保障搬迁院落的全部权利人参与搬迁协议签订，同时提供有效运行的事后补正、纠错监督机制，方能在最大程度上避免和化解搬迁纠纷。

最后，笔者再次提醒参与搬迁的各方主体，签订搬迁协议是搬迁工作的重中之重，在推进协议签订的过程中，要充分考虑村民的实际困难，搬迁补偿标准一定要与村民的现实生活水平相适应。搬迁工作要在稳定、规范的制度轨道上运行，避免随意操作、个别领导意志和部门利益色彩；搬迁补偿安置的条件和标准要在尊重被搬迁地方的实际情况的基础上，保持统一性、严肃性、平等性，防止产生适用上的不合理、不公平；要坚决制止和惩处搬迁中的权钱交易、行贿受贿、坑蒙欺诈等违法行为，杜绝损害搬迁法律政策的权威性、严肃性的各类“暗箱操作”现象，防止因决策失误和工作不当引起群众不满和抱怨。搬迁工作要保证程序公正，要建立搬迁信息公开机制，群众意见征求、沟通答复机制和搬迁工作监督机制。

案例三

他人代签的搬迁协议是否有效?

——代签搬迁协议或因构成表见代理而有效

吴昆[①]

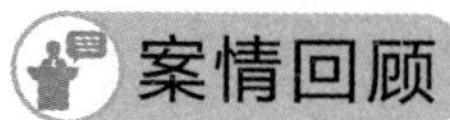

（一）搬迁协议遭代签，诉至法院求救济

2014年，赵红日、李爱萍一纸诉状将自己的儿子赵文正诉至法院，要求法院确认六年前赵文正与畜牧养殖基地发展有限公司（以下简称畜牧养殖公司）签订的《大王庄村住宅房屋搬迁货币补偿协议》无效。究竟是何种原因导致亲人之间对簿公堂呢？让我们一起来回顾一下本案的基本情况。

赵红日与李爱萍是一对夫妻，赵文正是二人的儿子。赵红日在大王庄村有两块宅基地，一块宅基地为西七条5号内2号（以下简称：西七条5号），另一块宅基地为西八条5号（以下简称：西八条5号）。2008年，西七条5号房屋遇有搬迁，10月31日，赵文正与畜牧养殖公司签订《大王庄村住宅房屋搬迁货币补偿协议》以及补充协议，搬迁的房屋宅院为西七条5号，但该院落房屋为赵红日与李爱萍所有，宅基地登记使用人为赵红日。儿子赵文正在父母均不知情的情况下，擅自以被搬迁人的名义单独与畜牧养殖公司签署了《搬迁安置用房购买协议》。赵红日和李爱萍认为赵文正此举严重侵犯了二人的合法权益，故诉至法院，请求确认赵文正与畜牧养殖公司签订的《大王庄村住宅房屋搬迁货币补偿协议》及补充协议、《搬迁安置用房购买协议》无效。

① 北京市海淀区人民法院四季青人民法庭法官助理。

（二）各方主张矛盾大，协议效力是关键

西七条5号院宅基地使用权登记在赵红日名下，是该院落的户主，赵文正户口也登记在该院落。西七条5号院搬迁前有南北两排各7间房屋，共14间房屋，由赵红日与李爱萍共同建造，赵文正认可该院落房屋所有权属于其父母。2008年，西七条5号院通知要被搬迁，搬迁前赵文正与其妻子吴丹及女儿赵小梅一直居住在该院落。2008年10月31日，赵文正以赵红日的名义与畜牧养殖公司签订《大王庄村住宅房屋搬迁货币补偿协议》，2008年11月5日签订该协议的补充协议。赵文正称曾向父亲说起过自己代其签订了搬迁协议，签的是赵红日的名字，所以赵红日对于此事应是知晓的。

畜牧养殖基地发展公司认为，该公司与赵文正签订的协议是合法有效的。根据公司的政策，搬迁协议应与户主签订，在搬迁方前期进行入户调查时，赵文正称已告知户主赵红日搬迁情况，并告知由其代为办理搬迁事宜。该公司认为赵文正系户主之子，长期居住在西七条5号，户口也在该院落，且赵红日的另一块宅基地也在进行搬迁，赵红日不可能不知情，所以才跟赵文正签订了搬迁安置补偿协议。此外，畜牧养殖公司称，根据法律规定，一家人只有一个宅基地，搬迁方面向的是户而非个人。

通过各方主张可以看出，该案件的争议焦点集中在未经宅基地审批表上所列全部成员的同意，某一成员能否作为代表与搬迁方签订搬迁协议？签订后的搬迁协议效力如何？未同意的其他房屋利害关系人能否据此要求确认代签的搬迁协议无效？

法理分析

（一）代签搬迁协议可能因构成表见代理而有效

根据《中华人民共和国合同法》（以下简称《合同法》）第四十九条[①]规

① 该条对应《中华人民共和国民法典》（以下简称《民法典》）第一百七十二条。

定，行为人没有代理权、超越代理权或者代理权终止后以被代理人名义订立合同，相对人有理由相信行为人有代理权的，该代理行为有效，该制度即为表见代理。构成表见代理需要满足以下条件：行为人无代理权且以被代理人的名义实施法律行为、须有使相对人相信行为人具有代理权的权利外观、须相对人为善意且无过失、行为人与相对人之间的民事法律行为具备民事法律行为的有效要件。表见代理是三方行为，具体到本案中，行为人是赵文正，被代理人为赵红日及李爱萍，相对人为畜牧养殖公司。赵文正与畜牧养殖公司签订的协议构成表见代理，具体分析如下：

1. 行为人无代理权且以被代理人名义签订协议。本案中，赵文正在与畜牧养殖公司签订搬迁协议时，并未取得宅基地使用权人和房屋所有权人赵红日及李爱萍的授权，却以赵红日的名义签订了搬迁补偿协议。

2. 行为人具有权利外观。权利外观是指相对人通过一定的事实和理由认定行为人具有相应的代理权限，才与之签订相关协议。本案中，西七条5号院的宅基地使用权登记在赵红日名下，且赵红日为该院落的户主。一般情况下，搬迁协议需要与户主签订。但是，赵文正及其妻儿长期居住在西七条5号院，且为赵红日的儿子，户口亦在该院落，加之赵文正告知畜牧养殖公司其父亲知晓该院落搬迁事项，因此畜牧养殖公司认为其具备相应的代理权限，并与之签订搬迁协议。可以看出，在代签协议的过程中，赵文正的实际居住情况、户口所在地、与户主的亲属关系情况等权利外观，均使得搬迁方相信其有代理权限而与之签订了搬迁协议。

3. 相对人善意且无过失。表见代理制度是为了保护善意相对人的信赖利益与交易的安全，如果该相对人出于恶意，即明知他人为无权代理，仍与其实施民事行为，就失去了法律保护的必要，表见代理就不能成立。一般而言，在目前的农村宅基地搬迁安置工作中，根据《土地管理法》第六十二条中关于“一户一宅”的规定，搬迁方倾向于以户为单位进行搬迁前的协商工作。但由于农村宅基地上房屋的实际居住人与户主或者宅基地登记权利人经常存在不一致的情况，导致出现第二项中所列举的情况，即协议签订人虽非搬迁政策通常规定的被搬迁人，但具有相应的权利外观而使得搬迁方相信其具有代理权限，进而出现代签搬迁协议的情况。但是若搬迁方在前期的入户调查、宅基地权利的查询中，已了解到代签人在被搬迁房屋中居住、户口在被搬迁房屋处、系户主的家庭成员等情况，或了解到该代签行为应该已经获得户主或宅基地登记权利人的同意，那么在搬迁方对于搬迁事项进行充分告知后，一般可以认定搬迁方是善意且无过失的。本案情况亦是如此。

4. 行为人与相对人之间的民事行为具备民事行为的有效要件。搬迁协议从本质上来看属于合同的一种类型，讨论搬迁协议的效力问题，应当以合同成立、生效及无效的相关法律规定为基础，辅之以相关的搬迁政策。签订搬迁协议的行为是对于自己所拥有的财产权利的处分行为，同时是与搬迁腾退方之间的民事法律行为。《民法总则》第一百四十三条[①]规定："具备下列条件的民事法律行为有效：（一）行为人具有相应的民事行为能力；（二）意思表示真实；（三）不违反法律、行政法规的强制性规定，不违背公序良俗。"民事行为能力是实施法律行为的前提，一般来说，年满十八周岁的成年人或者十六周岁以上以自己的劳动收入为主要生活来源的未成年人均为完全民事行为能力人，可以独立从事民事法律行为。本案中，赵文正、赵红日及李爱萍均为完全民事行为能力人，其可以委托他人或者独自与搬迁方就补偿内容、补偿金额等进行协商。

根据赵文正及畜牧养殖公司陈述，双方在对于西七条5号房屋搬迁事宜进行协商期间均未有受到欺诈、胁迫等情形。《大王庄村住宅房屋搬迁货币补偿协议》及其他相关协议均出于双方真实意思表示，因此该协议不存在可撤销的情形。根据法院查明的事实，双方签订的《大王庄村住宅房屋搬迁货币补偿协议》及其他相关协议亦不存在违反法律、行政法规的强制性规定及违背公序良俗的情况。

（二）构成表见代理的法律后果

本案中，赵文正属于户口在西七条5号，长期居住在该院落，并且是户

① 该条对应《民法典》第一百四十三条。

主赵红日的儿子，但其未获得宅基地上其他成员（赵红日和李爱萍）的授权，便以其父亲的名义与畜牧养殖公司签订搬迁协议，属于未取得代理权限的行为。但是，由于赵文正具备相应的权利外观，使得畜牧养殖公司有事实及理由相信赵文正具有代理权限，因此赵文正的行为构成了对于赵红日及李爱萍的表见代理，该代理行为有效，其与搬迁方签订的搬迁协议不因赵红日及李爱萍不知情或不同意而无效。该搬迁协议的法律后果应当由赵红日及李爱萍承担。

法院判决认为，自西七条5号院开始办理搬迁入户登记、房屋及附属物清登、签订搬迁协议、拆除房屋，直至选购安置房、给付搬迁款等一系列搬迁事宜过程中，赵红日均以其被搬迁人名义与畜牧养殖公司进行交涉，虽未取得代理权，但其具备权利外观，且赵红日及李爱萍均主张不知情不符合常理，这也使得畜牧养殖公司更加相信赵文正具有代理权限。法院据此认定赵红日、李爱萍的主张缺乏事实和法律依据，驳回了二人的诉讼请求。

（三）搬迁利益对于代签搬迁协议效力的影响

农村搬迁问题之所以常常引发纠纷，就在于搬迁往往体现着数额较大的搬迁利益。未经知晓或同意代为签订搬迁协议而产生的纠纷，也是源于被搬迁房屋的权利人担心自身的搬迁利益得不到有效保障。当前，搬迁方为推进搬迁工作，更倾向于以户为单位开展协商工作，而非具体到每一个与被搬迁房屋有利害关系的人。由此可见，对于被搬迁房屋利害关系人而言，搬迁协议约定的补偿方案能否满足其自身的搬迁利益十分重要。

搬迁工作中，代签人往往也与被搬迁房屋存在利害关系。当代签人签订搬迁协议后，其他利害关系人因为不知情或不同意而起诉至法院要求确认合同无效的，法院会审查是否存在表见代理等情况及该合同是否存在《合同法》第五十二条[①]规定的合同无效的情形，如没有，一般不会认定合同无效。同时，法院的此种审判思路背后还有对搬迁政策的考量。一般情况下，代签的

---

① 该条对应《民法典》第一百四十六条、第一百五十三条、第一百五十四条。

搬迁协议无论是与代签人签订还是与其他利害关系人签订，被搬迁方获得的搬迁利益都是一致的，搬迁利益不会因代签搬迁协议而受到影响。此举也是为了能够更好地保障搬迁秩序，维护双方当事人的合法权益。

（四）救济途径

农村房屋搬迁会产生非常大的经济利益，作为宅基地和房屋的权利人，如果遇到像赵红日、李爱萍这种情况，被他人代为签订搬迁协议，提起确认搬迁协议无效的诉讼请求后又被驳回，那应该如何保障自身的合法权益呢?

一般而言，搬迁方不会无缘无故地同与被搬迁宅基地没有任何利害关系的人签订搬迁协议，搬迁方虽秉承以户为单位进行搬迁工作，但是前期也要进行入户排查、户口确认、宅基地使用权核查、地上房屋及附属物登记等一系列事项。由于存在房屋的利害关系人人数较多且分散的情况，为了搬迁工程进度，搬迁方不可能与每一位利害关系人一一进行搬迁协商，所以会出现代签搬迁协议的情形。若存在代签搬迁协议而构成表见代理的情形，其他成员以不同意或不知情为由向法院申请确认合同无效，一般不予支持。但因为搬迁事宜涉及家庭内部事项，搬迁后所得利益也属于家庭内部利益，若家庭成员间关于家庭共有财产分割产生争议，可另行通过分家析产、继承纠纷等相关案由解决。在本案的判决中也明确了该项救济途径，法院认为，西七条5号院搬迁时赵文正及妻子、子女居住在此，与西七条5号院搬迁具有利害关系，若家庭成员间关于家庭共同财产分割产生争议，可另行解决。

知识拓展

（一）表见代理的表现形态

在我国现行的民事立法中，表见代理的表现形态有三种：授权表示型表见代理、超越代理权的表见代理和权限延续型表见代理。

授权表示型的表见代理是指，被代理人以自己的行为表示授予他人代理权而实际上并未授权，或者明知他人以自己的名义从事民事法律行为而不作否认表示，造成相对人误以为行为人有代理权时，被代理人要对相对人承担相应的责任。具体情形有：被代理人将其具有代理权证明意义的文书印鉴交与他人，他人凭此以被代理人的名义从事民事活动，相对人基于对此文书印鉴的信赖而进行交易。这些文书印鉴包括被代理人的印章、合同章、盖章的空白证明信、空白委托书、空白合同文书等。这些文书印鉴本身虽然不是授权委托书，但其与被代理人有密切联系，具有专用性，起着证明代理权的作用。此外对被代理人知道他人没有代理权而以自己的名义实施民事行为的，如果被代理人明知他人以自己的名义进行无权代理，既不承认，又不作明确的否认，为保护善意无过失的相对人，应认为表见代理成立。本案判决中体现了该观点。

超越代理权的表见代理，主要有以下两种表现形式：被代理人对行为人的代理权作了限制，但未在授权委托书中说明，代理人不顾其限制而按原来的代理权进行代理活动，但相对人并不知情；被代理人委托授权不明，而客观情况又能使善意相对人误信行为人有代理权，即使行为人的行为超越了被代理人意定的授权范围，也成立表见代理。

权限延续型表见代理，又称代理权终止或撤回的表见代理。这种类型是指被代理人与行为人曾有代理关系，但代理权已经终止或撤回后，被代理人未及时向外部公示，相对人并不知情。因此，为保护善意相对人的利益和维护交易安全，其代理权的终止和撤回不得对抗善意相对人。

（二）表见代理与无权代理的区别

无权代理是指在没有代理权的情况下以他人名义实施民事法律行为的现象。广义的无权代理包括表见代理和表见代理以外的无权代理，狭义的无权代理仅指表见代理以外的无权代理。无权代理与表见代理的区别包括：第一，构成要件不同。无权代理客观上没有足以使相对人相信行为人有代理权的事由；表见代理客观上具有足以使相对人相信行为人有代理权的权利外观。第二，狭义的无权代理立足于保护被代理人的利益；表见代理立足于保护善意相对人的利益。第三，法律后果不同。无权代理属效力待定的民事行为，因被代理人追认而有效，或因被代理人拒绝追认而无效；表见代理的法律后果直接归属于被代理人。

（三）村民委员会是否有权代村民签署补偿协议？

村民委员会是村民自我管理、自我教育、自我服务的基层群众性自治组织，可以依照法律规定，管理本村属于村农民集体所有的土地和其他财产。村委会在村务处理上有相应的管理权限，那么在遇到农村宅基地房屋搬迁补偿的情况下，村民委员会有无代替村内集体经济组织成员签订搬迁协议的权利，需要区分两种情况。

1. 未分配到户的集体土地。《中华人民共和国宪法》第十条第二款规定："农村和城市郊区的土地，除由法律规定属于国家所有的以外，属于集体所有；宅基地和自留地、自留山，也属于集体所有。"对于未分配到户的集体所有土地，其使用权掌握在村委会手中。因此，遇到搬迁征地补偿的时候，针对该类型土地，村委会通过召开村民会议，听取村民意见，经村民会议决定后，可以签署补偿协议，而不必经过每一户村民的同意。

2. 对于分配或者承包到户的集体土地，承包者依法享有承包地使用、收益及土地承包经营权流转的权利，有权自主组织生产经营，承包地被依法征用、占用或者搬迁腾退的，有权依法获得相应的补偿；对于宅基地，其使用权属于宅基地登记使用权人，如遇搬迁腾退，宅基地使用权人及地上房屋所有权人有权获得相应补偿。对于这部分的土地，须由承包户个体、宅基地使用权人或者房屋所有权人与搬迁方签署补偿协议，村委会无权代其签订。

（四）《民法典》实施后的新旧法衔接

《合同法》第四十九条规定的表见代理制度在《民法典》中亦有规定，《民法典》第一百七十二条规定，行为人没有代理权、超越代理权或者代理权终止后，仍然实施代理行为，相对人有理由相信行为人有代理权的，代理行为有效。相较于原规定，《民法典》中将行为人没有代理权、超越代理权或者代理权终止后以被代理人名义订立合同，修改为“仍然实施代理行为”，该项修改在包含原规定的基础上扩大了其外延，完善了表见代理制度的适用范围。

关于合同有效的条件，《民法典》相对于《民法总则》中的规定并无变化，均为行为人具有相应的民事行为能力，意思表示真实，不违反法律、行政法规的强制性规定，不违背公序良俗。

普法提示

（一）农村搬迁利益大，保障权益要上心

2020年是全面建设小康的收官之年，要实现全面小康，农村是重中之重。当前，城镇化比例不断提升，农村的搬迁腾退工作在各地如火如荼地开展。搬迁腾退涉及的利益重大，不可避免地会产生纠纷。因此在搬迁过程中，农村中宅基地的登记使用人及房屋权利人，对于证明自己宅基地及房屋权利的相关文件要妥善保管，同时应随时关注搬迁信息，了解搬迁政策，积极出面与搬迁方沟通协调，以切实保障自身权益。

（二）协议代签不必慌，搬迁利益跑不了

由于搬迁事项较为复杂，搬迁方往往以户为单位与被搬迁方进行协商，这就有可能造成该房屋中的一部分权利人虽然不同意或者不知晓搬迁协议，但是搬迁协议已经签署完成。因此，需要对他人代为签订搬迁协议的效力进行判断，结合实际情况具体分析，主要从代签人的身份、是否有授权等几个方面来看。

若宅基地使用权人及房屋权利人一致同意，委托代签人代为办理与农村房屋搬迁补偿相关事宜，并且出具了书面委托手续，那么该代签人作为受托人有权利就房屋搬迁事项签署相关协议，其获得的搬迁利益由宅基地使用权人及房屋权利人享有。

若代签人是被搬迁房屋的实际居住人，与户主具有亲属关系，且其户口

在被搬迁房屋，其作为被安置人口，与房屋搬迁有实际利害关系，在代签人未获得授权的情况下，要具体看该搬迁协议是否构成表见代理。若构成表见代理，同时不存在合同无效的情形，则该代签协议一般不认为是无效的。其他利害关系人可以通过继承或者分家析产的诉讼重新要求分割该房屋的搬迁利益。

若代签人与被搬迁房屋的宅基地及房屋无任何联系，通过欺诈、恶意串通等方式与搬迁方达成搬迁补偿协议，获取本应该属于宅基地使用权人及房屋权利人的搬迁利益，那么该种情形下的搬迁协议属于恶意串通损害第三人的利益，搬迁协议应属无效，相关受害人可以通过法律途径追回属于自己的合法搬迁利益。

案例四

未被确定为安置人口，可否索要周转费？

——浅析补偿合同遗漏搬迁利益的基本处理方法

王实[①] 董玫[②]

案情回顾

（一）一家三口仅有妻子成为安置人口

陈岚与丈夫常冰和女儿常芳是居住在开心村的一户人家，妻子陈岚还有个姐姐名叫陈华。

2016 年 4 月，莺飞草长、春意盎然，开心村村民喜迎搬迁。陈岚想到自己的小家终于能旧貌换新颜了，也激动地坐不住了。没过半个月，负责搬迁腾退工作的好家伙搬迁公司和开心村村委会就找到陈岚，和陈岚签订了《开心村腾退补偿安置协议书》（以下简称腾退补偿安置协议），约定好家伙搬迁公司和开心村村委会因新农村建设需要，须拆除陈岚在开心村甲 1 号院房屋并腾退陈岚使用的宅基地；经过登记造册工作，好家伙搬迁公司、开心村村委会与陈岚共同对相关信息进行确认：陈岚合法有效的宅基地面积为 118 平方米，安置人口为 2 人，被腾退人陈岚，共居人分别是陈岚及姐姐陈华，根据开心村相关的搬迁政策，陈岚据此可以置换到的安置房有 4 套。置换后，安置楼房面积超过合法有效宅基地面积，故陈岚还应当补交一部分购房款。陈岚除了喜提 4 套安置房屋以外，还获得了各项补偿款项。搬迁工作原本到此就圆满结束了，搬迁公司和村委会也完成了腾退工作，村民们同时得到了相应的补偿，也即将有新房子居住，实现了双赢。但此时陈岚的丈夫常冰和女儿常芳并不高兴，由于未被确定为搬迁腾退人口和安置人口，不但未能取

---

① 北京市海淀区人民法院四季青人民法庭法官。

② 北京市海淀区人民法院四季青人民法庭法官助理。

得安置房屋面积，连房屋的周转费也没有分到。常冰越想越不对劲，便和女儿常芳以财产损害赔偿纠纷为由将好家伙搬迁公司和开心村村委会起诉至法院，要求二单位按照标准支付其周转费。

（二）丈夫、女儿起诉要求周转费未获支持

常冰和常芳主张，常冰与陈岚是夫妻关系，常芳是二人的女儿，三人是共同生活的一家人，按照腾退搬迁政策，常冰与常芳也应该属于被搬迁安置人口，但是现在好家伙搬迁公司和开心村村委会只与陈岚签订了腾退补偿协议，确定了安置人口只有陈岚和陈华二人，这是不对的。所以好家伙搬迁公司和开心村村委会应该按照每月 3200 元的标准赔偿常冰与常芳周转费直至实际回迁之日止。

好家伙搬迁公司和开心村村委会表示，开心村甲 1 号院的实际建房人及实际居住人系陈华，故腾退时经陈岚与陈华协商，安置人口确定为其二人。影响安置人口确定的因素有两个，一是在该搬迁院落居住，二是在其他地方没有获得过搬迁安置利益。在对陈岚一户进行搬迁的时候，经被腾退人陈岚申报、开心村村委会及好家伙搬迁公司核实后签订本案所涉及的协议，当时陈岚和陈华协商安置人口仅有其二人，没有申报其他人口。常冰与常芳长期不在开心村甲 1 号院居住，在确定安置人口的时候也没有人申报其二人，故不属于此次签订协议中的被腾退人或者安置人，亦没有理由获得周转费。

法院经审理后认为，常冰和常芳并非此次搬迁腾退补偿安置协议的被腾退安置人口，而周转费系对搬迁腾退补偿安置协议中确定的安置人口的专项费用，故驳回了常冰和常芳的诉讼请求。

看完了上述案情，你是不是也有这样的疑问：常冰和常芳与陈岚是一家人，却没能获得任何搬迁利益，问题到底出现在了哪里？法院怎么认定？你且听我与你慢慢道来。

开心村甲 1 号院在搬迁时留存有搬迁档案，该搬迁档案中有所涉及搬迁房屋基本情况调查表一份、安置人口确认单一份、2016 年 4 月 16 日开心村村委会出具的证明两份、具结保证书一份、周转费及补偿款确认单一份。房屋基

本情况调查表载明，户主为陈岚，家庭成员只有姐姐陈华。安置人口确认单载明开心村甲 1 号的安置人口为陈岚及其姐姐陈华，开心村甲 1 号院的产权人是陈岚，宅基地面积为 118 平方米，安置人口为 2 人，分别是陈岚和姐姐陈华。2016 年 4 月 16 日的另一份证明载明：被腾退人陈岚，被腾退人地址为开心村甲 1 号，开心村甲 1 号原为祖业产，同意陈岚的姐姐陈华认定为安置人口。此后，陈岚又书写了一分具结保证书：上面记载着开心村甲 1 号宅基地上房屋系陈岚所有，宅基地上房屋无其他权利人主张权利，陈岚要求腾退人对其进行腾退补偿安置，如因其他人对该宅基地上房屋主张权利或因本保证不真实引起法律诉讼由陈岚承担法律责任，并承担由此给腾退人造成的经济损失，由此引发的一切腾退问题或腾退后的遗留问题与腾退人无关。此次腾退搬迁的周转费及补偿款确认单日期为 2016 年 7 月 1 日，载明周转费合计金额 15840 元，备注写明周转费 2016 年 3 月至 5 月每月 1200 元，6 月至 9 月每月 1600 元。

上述案件引发了一个需要我们研究讨论的问题，即腾退搬迁补偿协议所确认的搬迁利益有遗漏时应当如何处理？实践中，有些当事人因为错过搬迁腾退协议的签订时间，因当事人未能在所涉搬迁宅基地上房屋经常居住而导致未被认定为腾退或者安置人口，或因当事人对搬迁腾退政策不够了解等诸多问题，未能及时发现腾退补偿协议中有遗漏搬迁利益的情况。当事人想就此问题起诉到法院请求法院确认其相关利益，有时却不得章法。为了更好地帮助大家理解相关问题、规避相应风险，下面将对此问题进行详细分析。

法理分析

（一）如何确定被腾退人、安置人口以及涉案的搬迁利益？

我们不妨先来看一下此次开心村的腾退改造方案的重点条文：《开心村腾退改造方案》第一条规定：……依据《中华人民共和国村民委员会组织法》，结合本地区实际情况，通过村民代表民主决策、民主监督、民主建设、民主管理的形式，本着自我腾退、自我建设的原则，特制订本方案。第三条规定，本方案所称被腾退人是指在确定的腾退范围内合法有效宅基地的使用权人或房屋的所有权人。第十一条规定，腾退人应为被腾退人提供符合国家质量安全标准的房屋用于安置，提供的安置楼房不是现房的为被腾退人提供周转费。第二十一条规定，本方案所称的安置人口，是指在腾退公告发布时，在被腾退地址有本市常住户口的房屋产权人及三代直系血亲（含户口不在本址的配偶，服刑、服役、上学子女、未申报户口的新生子女以及按政策应予安置的其他人员），已经享受搬迁安置或在其他地点另有住房的不予认定。经认定的安置人口，应在腾退补偿安置协议中予以登记，同一人作为安置人口只能认定一次，在腾退公告发布前身故且未注销户口的不予认定。

《〈开心村腾退改造方案〉实施细则》（以下简称《实施细则》）第八条规定，依据《开心村腾退改造方案》第十一条之规定，腾退人发给被腾退人每人每月 1200 元周转费，发放周转费的时间从双方签订腾退协议后腾房交钥匙之日起计算，并按季度发放，在开始办理回迁安置楼房手续以后，再增加两个月装修期的周转费。

从开心村的腾退改造方案中，我们可以看到开心村对腾退过程中如何确定被腾退人、安置人及安置利益有着明确而详细的规定，相信大家通过耐心的阅读，对上述政策都已有正确的理解，在此无须赘述。

（二）丈夫和女儿为何未被认定为安置人口？

如果你以不放过蛛丝马迹的态度仔细阅读了案例回顾，就不难发现导致常芳和常冰未能被确认为安置人口的重点原因有两个：一是好家伙搬迁公司和开心村村委会主张常芳和常冰未能在所搬迁院落经常居住；二是在陈岚作为被腾退人、与好家伙搬迁公司签订腾退补偿协议时，并未向相关单位申报常芳和常冰为安置人口。故在腾退过程中，导致本案情况的发生。

（三）未获得法院支持的原因是什么？丈夫和女儿是否还可以继续维权？

未获支持理由之一：法院经审理后认为，依据开心村的腾退改造方案，搬迁协议有关于周转费方面的规定已经非常明确。未在腾退协议中确认为被腾退人及安置人口，没有获得周转费的依据。换言之，好家伙公司和开心村村委会发放周转费的对象中并没有常芳和常冰二人，无法对其二人进行补偿。且从腾退协议的履行上，周转费的发放已经结束，该项目已经履行完毕，在没有推翻协议内容的情况下，亦没有对常芳和常冰进行周转费补偿的理由。

未获得法院支持理由之二：我们可以关注一下常冰和常芳起诉的案由是什么——财产损害责任纠纷。财产损害赔偿纠纷是一类侵权纠纷，法院在审理过程中需要审查原告所有的财产是否遭到了他人的侵害，所依据的法条为《中华人民共和国物权法》（以下简称《物权法》）第三十七条[①]之规定，即“侵害物权，造成权利人损害的，权利人可以请求损害赔偿，也可以请求承担其他民事责任”。在此类案由的诉讼中，法院无法审查陈岚签订的腾退协议的效力问题，通俗来讲就是，常冰和常芳要想获得相关搬迁利益，他们必须先通过诉讼确认自己是被遗漏的安置人口，进而对腾退协议的效力产生影响，或重新签订或由搬迁主体与他们补充签订腾退协议。而二人是否确实应该是安置人口，法院在财产损害赔偿纠纷诉讼中无法进行审查。

常冰和常芳如果想要维权，正确的方法有两种：一是可以起诉好家伙搬迁公司和开心村村委会，从而确认陈岚签订的腾退协议的效力；二是向好家伙搬迁公司和开心村村委会提出异议，要求重新签订补充的腾退协议，将其确认为安置人口，从而享有相关利益。

知识拓展

（一）为什么会遗漏搬迁利益？

一般来讲，遗漏搬迁利益可能会有以下几种情况：一是腾退搬迁时，腾退人通常为本村民自治性组织及负责搬迁的单位，腾退主体在确定被腾退人

---

① 该条对应《中华人民共和国民法典》（以下简称《民法典》）第二百三十八条。

时会经过一段时间的走访，对于户口不在宅基地内且不经常居住在所涉搬迁的宅基地上房屋的当事人，签订腾退搬迁合同时可能存在遗漏被腾退人、安置人的情况；二是宅基地上其所建设的房屋有时虽然未经过相关审批，但是基于某些地区特有的搬迁政策，在腾退搬迁时也会给予一定的地上房屋补偿款，即重置成新价，此时在腾退人对搬迁情况进行调查时，就可能存在不掌握未取得审批手续的宅基地上房屋的情况，进而遗漏一部分搬迁利益；三是被腾退搬迁房屋如果存在已经出租给承租人用作经营用途的，根据腾退搬迁政策可能存在停产停业补助费等特殊类型补偿，需要当事人进行特别申报，否则此类特殊类型补偿亦容易被遗漏；四是宅基地四至范围、房屋面积等情况认定错误，导致搬迁利益的遗漏；五是被腾退人对于符合安置条件的人口，未向腾退人进行申报。

（二）在签订腾退搬迁补偿合同时遗漏了搬迁利益及主体的，应当如何处理？

要回答这个问题，我们不妨将搬迁过程分为三个阶段。

首先，在签订腾退搬迁补偿合同之前，被腾退人应当明确了解本集体经济组织所制定的相关腾退搬迁政策，并积极配合腾退人对所涉搬迁宅基地情况的调查工作，提供相应的户籍、居住证明等材料，发现问题应当及时向腾退人提示并准备好相关的证明材料，切勿为多获取搬迁利益而采取临时迁入户口、办理结婚离婚手续、甚至对证明材料进行造假等行为。被腾退人同时应当明确了解“户”的概念，要对在同一院落居住的被腾退人中是否存在分户现象，是否需要分别签订腾退搬迁补偿协议有充分的认知和理解，如果不清楚可以到村民自治性组织处积极进行咨询。

其次，在签订腾退搬迁补偿合同时，涉及签字的文件可能较多，但也务必要仔细审查合同内容，理解“被腾退人”“被安置人”等名词的意义，看清楚所涉及搬迁的宅基地的四至参数、房屋面积测绘参数等，对于与事实情况有重大出入的数字保持敏感性。发现问题后应当在合同签字前及时向腾退人提出复核要求。另外，对于可能并不经常居住在所涉搬迁宅基地上房屋的其他符合安置条件的人员，亲属之间要相互提醒以帮助腾退人尽快核实腾退搬迁安置人员信息，该申报时要积极进行申报，不要恶意瞒报。

再次，在签订腾退搬迁补偿合同之后、合同履行完毕之前发现有遗漏的搬迁利益的，可以积极与腾退人取得联系。根据《中华人民共和国合同法》（以下简称《合同法》）第七十七条[①]的规定，合同经当事人协商一致，可以变更。腾退搬迁补偿协议也属于合同的一种，同样尊重当事人的意思自治。故从理论上来讲，经过腾退人与被腾退人协商一致，腾退补偿安置协议可依法进行变更。

最后，当事人签订腾退搬迁补偿协议且已经履行完毕的，如确实涉及遗漏了搬迁利益的，利害关系人可以向法院提起确认协议效力等诉讼，搬迁公司亦可与利害关系人协商另行签订补偿协议。

（三）此类案件如何诉讼？诉讼主体是谁？

涉及腾退搬迁利益遗漏问题的诉讼有两类，一类为行政诉讼，另一类为民事诉讼。涉行政类诉讼一般集中在，当事人认为有权机关在与相关人签订腾退补偿协议时有损害其搬迁利益的情况，以有权机关为被告提起诉讼，但是在腾退补偿协议已经履行完毕的情况下，不属于法院的受案范围。此种情况可以参考四川省绵阳市中级人民法院（2016）川07行终148号行政裁定书。涉民事诉讼的案由主要集中在确认腾退搬迁安置补偿协议效力，当事人通常以实际腾退人为被告，如村委会、搬迁公司等，就搬迁安置过程中存在的影响合同效力的问题进行举证，并为自己争取相关利益。除此之外，实践中还有因代签搬迁协议造成利害关系人所获得利益减少而引起的纠纷，但这通常不会影响腾退人与被腾退人之间所签订的腾退搬迁安置协议的效力，如出现冒名签字、虚假代理等情况则可能会涉及其他诉讼。

综上所述，对于签订搬迁合同时遗漏被安置人或者搬迁利益的问题，各方当事人应当在签订合同时尽可能审慎。从腾退人角度来讲，一是作为村

---

① 该条对应《民法典》第五百四十三条。

民自治性组织，通过村民代表民主决策、民主监督、民主建设、民主管理的形式，制订清晰明确的搬迁腾退方案，并且要对本村村民宣讲到位，设立咨询服务部门；二是在搬迁腾退合同签署之前，村委会应当对本村村民的相关情况进行细致的了解，制作完备的搬迁档案并将可能出现的风险及时提醒到每一个村民，对于重点腾退搬迁政策、易混淆的概念应当及时地对村民进行讲解；三是对于档案资料，如宅基地测量的四至材料、宅基地上房屋建设审批手续等搬迁时需要的文件，应当保证公开性，供村民进行查阅核实；四是腾退搬迁补偿协议的拟定者应当加强对法律法规等理论知识的学习，避免协议上出现歧义和纰漏；五是在组织被腾退人签订腾退搬迁协议时，如遇到代签合同的情况，应当审慎核实当事人及代理人的信息、代理手续，不能以为村民签署了具结保证书就可以规避行政机关的一切责任。从被腾退方角度来讲，应当注意：一是充分理解政策知识；二是按照腾退人要求的时间和形式申报材料；三是发现问题应当及时与腾退人沟通协商解决。

（四）如何举证？

大家可以看到，在前述案例中，由于常冰和常芳二人单凭与被腾退人有身份关系就要求腾退人向其支付周转费，既未提交相关证据证明身份关系与获取周转费的关系，也未提交充分证据推翻村委会以及搬迁公司所认定的被腾退安置人口，所以并未获得法院的支持。在诉讼过程中，我们应当在对搬迁政策有充分理解的情况之下，围绕着腾退搬迁政策逐步提出证据，先考虑举证自己是否应当是被安置人口之一，理解周转费是否是以户为单位进行发放之后，综合考虑自己的证据是否能够得到支持。

在此为大家提示此类案件的举证要点，在提起确认腾退搬迁合同效力类诉讼时，如明确为遗漏认定被腾退人或者被安置人口的情况，当事人首先可以依据腾退政策，出示自己的身份关系、户籍关系等证明文件，证明自己属于遗漏的被腾退或安置人口，进而以签订主体遗漏为由对协议效力提出异议；如属于腾退搬迁协议中有遗漏计算的搬迁利益，则可以寻找档案资料、证人证言等证明材料。

普法提示

在搬迁过程中，签订腾退搬迁补偿协议是重头戏，该协议上的每一个信息都有可能深深地影响着履行过程中被腾退人的权益。因此在签订每一份文件之前，无论是协议的制定者腾退人、还是签字的被腾退方，都应当对合同进行充分的理解和审查。

诚然，合同审查方面属于法律专业范畴，但是我们仍然可以通过学习法律知识来规避一些可以预见的风险。相比较而言，老百姓在腾退搬迁知识方面处于较为弱势的地位，这就要求更有经验的行政机关、村委会以及专业的搬迁公司尽可能地帮助老百姓处理好搬迁腾退时可能出现的问题，腾退补偿协议中涉及的补偿项目特别是货币补偿项目种类非常多，对于计算方式和依据，腾退人也应当向合同的相对方做好充分的解释工作，一旦涉及诉讼，就应当及时向法院提交完整的搬迁档案。我们的村民在参与腾退搬迁活动时也应当秉持实事求是、诚实守信的原则，对于不属于自己的利益不多拿，更不能利用不法手段来规避政策。

就本文涉及《民法典》与原单行法中法条变化部分提示如下：

《合同法》第七十七条中关于变更合同的法律规定已经被《民法典》第五百零二条修改，现《民法典》第五百零二条规定为："依法成立的合同，自成立时生效，但是法律另有规定或者当事人另有约定的除外。依照法律、行政法规的规定，合同应当办理批准等手续的，依照其规定。未办理批准等手续影响合同生效的，不影响合同中履行报批等义务条款以及相关条款的效力。应当办理申请批准等手续的当事人未履行义务的，对方可以请求其承担违反该义务的责任。依照法律、行政法规的规定，合同的变更、转让、解除等情形应当办理批准等手续的，适用前款规定。"即当事人仍可以通过另行约定的方式变更合同，但变更合同需要办理相应手续的，应当符合相关法律规定。

《物权法》第三十七条变更为《民法典》第二百三十八条后无实质变化。

第三章

搬迁利益主体及权利归属问题

案例一

腾退协议中的共居人员享有哪些搬迁利益

——农村搬迁中"共居人"主张回迁安置房屋等搬迁利益获支持

张慧聪[①]

案情回顾

（一）村民一家遇搬迁取得四套安置房

赵增与何跃是夫妻关系，婚后育有三女分别为赵西、赵南、赵东。赵东的爱人叫常雨，小两口只有一个女儿名为常风。1974 年，赵增作为申请人获批建房户施工许可证，家庭成员分别为赵增、何跃、赵西、赵南、赵东，房屋门牌号为 67 号。1987 年 3 月，赵增申请翻建西房，家庭成员依然是前述的五个人。1987 年 10 月，赵西结婚后户籍迁出该村，1988 年 1 月，赵南结婚，并在本村另外取得了宅基地。赵增于 2009 年 1 月去世。

2011 年 4 月，67 号房屋所在的村通知该地区要开展腾退改造。此次腾退置换的方式是根据被腾退人已经认定的合法有效宅基地面积，按 1∶1 与腾退人置换安置楼房建筑面积，互不找差价。如果因为安置楼房户型原因，被腾退人置换安置楼房的建筑面积超出其合法有效的宅基地面积的，由被腾退人付款购买。2011 年 8 月，负责此次腾退改造的开发商与何跃签订了《腾退补偿安置协议书》，经该协议确认，何跃合法有效的宅基地面积为 302 平方米，安置人口为 4 人，分别为被腾退人何跃以及共居人赵东、常雨、常风；对应的置换、购买安置房分别为安置房小区的 25-201 号、32-201 号、33-202 号、33-201 号，上述四套安置楼房面积超过合法有效宅基地面积 33.48 平方米，应补交购房款。同时根据何跃在合法有效宅基地范围内的房屋建筑

① 北京市海淀区人民法院四季青人民法庭法官助理。

面积给予其房屋评估作价款。除此之外，何跃还应得以下各项补偿、补助、奖励：搬家补助费、装修补助费、空调等设备迁移补助费、其他补助。这些款项扣抵购房款后为70万余元。现在四套安置房已经交钥匙，补偿款已经给付，房屋产权证正在办理中。一家人因为遇到搬迁，获得了这么大的经济补偿，这些房子和补偿款都是给谁的呢？

关于安置房以及搬迁利益的分割问题，赵东、常风、常雨认为腾退补偿安置协议书上写得很清楚，被安置的只有4个人，那就是他们和何跃，所以自然是四个人均分。但是何跃、赵西、赵南对这个分割方案持不同意见。双方争执不下，赵东、常风、常雨将何跃、赵西和赵南起诉到法院。审理过程中，赵西、赵南自愿将属于自己的搬迁安置补偿款赠与何跃。

（二）共居人应享有哪些搬迁利益惹争议

本案属于典型的共居人主张搬迁利益的案件。在本案中，腾退补偿安置协议中提到了两方的名字。一是何跃和去世的赵增，尤其是何跃。他们既是建房户施工许可证的申请人，也是此次腾退改造中的被腾退人。根据对这次腾退改造政策的解读，被腾退人是宅基地上房屋以及非集体经济组织成员合法取得的房屋的所有权人。二是赵东、常风、常雨一家，他们是建房户施工许可证中列明的家庭成员，也是此次腾退补偿安置协议书里确认的共居人与安置人口。被腾退人和共居人应有的搬迁利益是否有所区别有待讨论。

除此之外，本案还涉及一方的权益的认定，那就是没有在建房户施工许可证及腾退补偿安置协议书中提及的赵增、何跃的另外两个子女，赵西与赵南。她们的户口曾经在被搬迁的房屋所在地，只是在搬迁前迁出了，那她们是否也应该算作这个家庭的共居人？如果不算共居人，那么她们作为家庭成员是否能获得一定的搬迁利益也有待讨论。

赵东、常风、常雨认为其作为共居人与安置人口，应该和被腾退人何跃享有同等的权益，赵西和赵南既然已经搬出去了，自然是和搬迁补偿没有任何关系的。此时，案件的争议焦点就集中在了共居人身份的认定以及共居人对搬迁利益享有什么样的权益上。

法理分析

（一）共居人的认定

“共居人”概念虽然在搬迁过程中非常常见，但其并非一个法律概念。共居人从字面的含义去解读，应该指的是共同居住的人，类似概念还有“同住人”。比如，两个或两个以上的自然人生活于同一间或一套住房内。共同居住的范围涵盖了与房屋所有人共同使用房屋的承租人，此类人员并非本案讨论范围。本案所探讨的共居人权益，是指基于非经济因素而共同生活在一起的自然人的权益。这里的“共居人”仅指在搬迁通知下发时，在被搬迁的房屋处已实际居住一定期限以上，且没有取得其他农村宅基地的人。对共居关系的保护，是指对基于非经济因素而共同生活在一起的个人利益的保护。

搬迁中被认定为共居人的主要分为以下几类：（1）在搬迁通知确定之日，因婚姻关系、父母子女关系而在被搬迁的住房内实际居住了一定期限的；（2）在被搬迁的房屋处有户口，但因为家庭矛盾、居住困难等原因在外居住，但在他处也未申请取得宅基地的；（3）房屋搬迁时，因在服兵役、读大学、服刑等原因，户口迁出，且在他处也没有其他住房的。实务中，第一类情形比较典型，本案中常风、常雨和赵东就属于此类。但此类情形中也有共居人资格被否定的情形，实务中比较常见的情形如下：（1）自己及其家人已经单立户，单独申请了其他农村集体经济组织内的宅基地，并建有地上房屋；（2）其已经在新的户内作为被腾退人或共居人享受过搬迁或搬迁利益的；（3）被腾退人或共居人允许他人的未成年子女在农村房屋内居住的，一般可认定为帮助性质，不当然等于同意该未成年人取得房屋的占有、使用等权益。在这种情况下，该未成年人一般不会被认定为共居人。

本案中，赵西结婚后户籍迁出，赵南婚后另外取得了一处宅基地的使用权。且在建房审批手续中二人就已经不作为共居人出现。也就是说，在67号房屋被搬迁时，赵南、赵西已经不是这个宅基地的使用权人。所以在腾退搬迁中，二人也无法被认定为宅基地使用权人或腾退搬迁房屋的共居人。

（二）共居人的搬迁利益的确认

共居人搬迁利益的确认主要是区分被腾退人及共居人两类人员的搬迁利益。前文已经解读了共居人的概念。“被腾退人”的表述实际上则相当于《北京市集体土地房屋拆迁管理办法》中规定的被拆迁人。根据该管理办法的规定，被拆迁人是指对被拆除房屋拥有所有权的单位或者个人。这与本案中的腾退通知中所载明的被腾退人的概念是一致的，即被腾退人是宅基地上房屋以及非集体经济组织成员合法取得的房屋的所有权人。

从法理上来讲，因私有房屋所获得的财产利益应该在房屋所有权人之间均等分割。但因为农村土地及房屋的管理遵循“一户一宅”及“房地一体”原则，农村搬迁中的共居人的权益不应从字面意义上将之仅解读为“居住权”。根据《中华人民共和国土地管理法》(以下简称《土地管理法》)的规定，农村村名一户只能享有一处宅基地，但宅基地使用权证上通常只记载户主一个人，该户内的其他家庭成员会被记载为“共居人员”。因为宅基地使用权的取得具有保障意义，所以该宅基地的使用权是应覆盖该“户”的全体人员的，这等同于在宅基地使用权方面，户主与共居人员享有平等的宅基地使用权，户主就类似于该户的对外代表。而此次腾退置换办法是根据该户已经认定的合法有效宅基地面积，按 1:1 与腾退人置换安置楼房建筑面积，互不找差价。何跃、赵东、常雨、常风作为合法的宅基地使用权人及搬迁安置人口，自然都是有权获得安置利益的。因此，根据搬迁政策及搬迁协议，法院认定四套搬迁安置房屋由何跃居住使用两套，赵东、常雨、常风居住使用两套。

在本案中，考虑到被搬迁宅院的历史演变、翻建、居住情况、各继承人年龄及各方人员对被搬迁宅院建设的贡献等因素，法院认定宅基地上的房屋是赵增、何跃、赵东共同出资翻修、改建的。这样赵增生前对被搬迁房屋享有的财产利益在搬迁后就转化成了搬迁款，应由何跃、赵南、赵东、赵西依法继承。因为赵东、赵西自愿将其应享有的权益赠与何跃，对此法院也不持异议。此次搬迁中还涉及房屋评估作价款、搬家补助费、装修补助费、空调、有线电视、固定电话迁移补助费及其他补助，根据搬迁政策，这些款项也应该在何跃、赵东、常风、常雨之间进行分割。经过核算，法院判决由何跃向赵东、常风、常雨支付补偿款 20 万元。

知识拓展

（一）农村腾退中的共居人权利不等同于居住权

对于共居人的权利，在法理上有一个比较相近的概念即居住权。《中华人民共和国民法典》（以下简称《民法典》）物权编第十四章规定了居住权这一用益物权。居住权人指的是有权按照合同约定，对他人的住宅享有占有、使用的用益物权，以满足生活居住的需要。首先，居住权的内容可以依照合同约定；其次，居住权的性质是以房屋的占有和使用为内容的用益物权；最后，房屋的使用范围需要满足权利人的生活居住需求。这种定义模式包含了合同设定、房屋用益和个人需求三层结构。此处的居住权概念强调了合同设定，主要是基于《民法典》第三百六十七条规定的“居住权合同”。居住权原则上无偿设立，但当事人另有约定的，也可以有偿设立，居住权合同的内容可以由当事人自行约定和修改。但居住权不得转让、继承，且设立居住权的住宅在非经特别约定的情况下不得出租，该权利随权利人的死亡而消灭。①由此可见，居住权作为一类用益物权，是对他人所有的不动产或者动产，依法享有的占有、使用和收益的权利。因为该用益物权的存在，所以房屋的所有权人无法完全实现其所有权权益。居住权人仅有对被搬迁的房屋占有、使用、收益的权利，其不享有所有权。同时需要注意的是，居住权应向登记机构申请居住权登记，居住权自登记时设立。

学理上，有些观点认为腾退搬迁中的“共居人”所享有的权利即为居住权。但根据前文的讨论可知，在农村搬迁中的“共居人”认定方面不宜采取“一刀切”。应结合具体的农村房屋及宅基地管理政策、被搬迁的家庭情况、

① 肖俊：《我国居住权定义的结构分析》，载《法治研究》2020 年第 1 期。

搬迁政策等因素综合认定所谓的“共居人”实质上为用益权人还是该户房屋的共有权人。如果仅为用益权人，从保障其居住的角度而言，根据腾退搬迁的政策性规定，可以适当分得部分搬迁补偿。如果其实质应为该户房屋的共有权人，即被搬迁房屋为被腾退人与共居人的家庭共有财产，且宅基地使用权为该户（包括被腾退人及共居人）共同申请，则在划分搬迁利益时，其应与同属共有权人的被腾退人享有平等的权利。此时的“共居人”就不是他物权人。这是共居人权利与居住权的根本区别。

（二）搬迁协议中载明的“共居人”享有哪些具体的搬迁利益？

宅基地上的农村房屋搬迁产生的搬迁利益主要包括以下几类：回迁安置房、房地折价补偿款（包括宅基地的补偿款及地上房屋的补偿款）、针对被腾退安置人员开展腾退工作的补偿费以及其他补偿。其中回迁安置房与房地折价补偿是最主要的。对此一般涉及两种补偿方式：货币补偿或者房屋安置。若实行货币补偿，就不会再安置回迁房，补偿款的标准一般按照被搬迁房屋的重置成新价和宅基地的区位补偿价确定。具体实施时，可以按照搬迁所在的房地面积安置，也可以结合被搬迁人家庭人口情况安置。采取房屋安置的，一般是按照房地面积安置。针对被腾退安置人员开展腾退工作的补偿费以及其他补偿项目，如搬家补偿费、设备迁移费、临时安家补助费，应归属确因搬迁而搬家、设备迁移和临时过渡的居住人口。奖励费和一次性补偿费，一般也是由搬迁时在被搬迁房屋内实际居住的人之间予以分割。设备搬迁和安装费用、无法恢复使用的设备按重置价补偿给设备所有人。所以，在上述补偿项目中，“共居人”一般会享有一定的补偿款项。

司法实务中，导致被腾退人和共居人之间矛盾激化的主要问题还是回迁安置房及房地折价补偿款的分割处理问题。在审查此类纠纷时，一般会对以下要素进行重点审查，以此来确定“共居人”对被搬迁的宅基地及地上房屋的权利属性并最终确定分割方案。

一是集体经济组织成员的资格。在我国，户口除了有身份意义，还附带有一定的资源或收益。一般来说，因死亡或者取得其他集体经济组织成员资格、设区的市非农业户口、非设区的市的城镇非农业户口且纳入国家公务员序列或者城镇企业职工社会保障体系，被注销或者迁出本集体经济组织所在地常住户口的人，应当认定其丧失该集体经济组织成员资格。因外出经商、务工等原因，脱离常住户口所在地集体经济组织生产、生活的人，在丧失集体经济组织成员资格之前，应当认定其仍然具有成员资格。因学习、服义务兵或初级士官兵役等原因注销、迁出常住户口的人，在丧失集体经济组织成员资格之前，应当认定其仍然具有成员资格。除此之外，如果基于婚姻关系已进入本集体经济组织的农户并实际生产、生活，即使常住户口尚未迁入本集体经济组织所在地，也应当认定其具有本集体经济组织成员资格，从进入本集体经济组织的农户时起，其原集体经济组织成员资格丧失。

二是是否以村民身份实际居住在本村。随着农村户籍改革的推进，部分地区在户籍管理上已经取消了农户与非农户的区分，在该地区的公民都以居民户口登记。在这种情况下，是否以村民身份实际在该村落居住并参与农村耕作、建设等也有助于对“共居人”进行认定，此时比较关键的是该居住人的入住原因与入住期限。对此问题在其他章节会通过具体的案例详细展开论述，此处不再展开讨论。

三是宅基地使用及房屋建设的相关审批手续的记载。一般来说搬迁协议中认定的“共居人”多会同样记载于宅基地使用权证或建房规划审批许可证中。如果确无记载，则可以通过审查该“共居人”是否对被搬迁的房屋建设作出过贡献来确认其是否对地上房屋的补偿享有权益。

四是“共居人”的住房保障情况。实务中经常有“共居人”明确主张要求确认其对回迁安置房的所有权。此时“共居人”的住房保障情况也要分情况决定是否作为裁判因素加以考量。一般来说，如果搬迁协议中列明的共居人与宅基地使用权人或地上房屋所有权人没有任何家庭关系，也没有实际在被搬迁的房屋处居住的，就没有必要考量其住房保障情况。但是，对于在此实际居住时间较长，又具有该村的集体经济组织成员资格，对宅基地上的房屋建设有贡献的“共居人”，一般会考虑其住房保障情况，若其名下没有其他住房，则可以考虑根据搬迁政策确认回迁安置房归其所有。

普法提示

农村搬迁中共居人的权益问题处理是否得当直接影响到房屋搬迁中的金钱与伦理、人情的关系问题。一户宅院一般涉及几代人、多个家庭的共同建造，是家族情感的见证。但农村搬迁中的经济因素容易导致家庭关系的分崩离析。但法律与道德、伦理是不应完全割裂的，应正视家庭变迁的过程及乡俗村规，更加公平地确认“共居人”的权利及其在搬迁中可能享有的权益，这对于“共居人”及其他亲属正确地约束自身行为、维护家庭伦理等都有积极意义。

农村搬迁中的家庭“共居人权利”不能等同于民法典中的“居住权”概念，其更多地体现为一种基于“房地一体”“一户一宅”原则下共同享有宅基地使用权及共同享有房屋所有权的家庭共有关系。此时，“共居人”有权根据搬迁政策享有回迁安置房屋及房地补偿等搬迁利益。

在此提示如下：（1）签订搬迁协议时需恪守诚信，按照家庭实际情况申报共居人，以免埋下纠纷隐患；（2）被腾退人作为家庭成员的代表签订协议后，应秉持公平原则，根据宅基地使用权申请情况及地上房屋建设的贡献情况，合法分配搬迁利益，做到不偏不倚，公平合理。

案例二

“空挂户”人员是否有权分割户籍所在地的搬迁利益？

——享有优惠购房指标的“空挂户”人员有权获得相应搬迁利益

刘刚 [①]

案情回顾

（一）农村房屋遇搬迁获巨额补偿

王大山与张晓云是夫妻，二人生育了一子二女，长女王春霞、次女王春红、儿子王春雷。王春雷与庄丽丽是夫妻，生育一女王欣。1975 年，王大山向大队申请取得了古寺村 20 号宅院。王大山夫妇于 1976 年在院内新建了北房 3 间，1986 年新建了东房 2 间，1988 年又将北房 3 间进行了翻建，1993 年至 1994 年新建了西房 2 间，2010 年新建了院内的南棚子。

2011 年 12 月 7 日，王大山作为被腾退人就 20 号宅院与腾退单位签订了《宅基地腾退安置补偿协议书》（以下简称协议书），该协议书确定了 20 号宅院的有效宅基地面积为 256.62 平方米，安置人口分别为王大山、张晓云、王春雷、王春红、庄丽丽、王欣，通过此次腾退搬迁，能置换安置房 4 套，分别为 S2-1 地块上的 1202 号房屋、602 号房屋、701 号房屋、1201 号房屋，总建筑面积为 298.15 平方米，各项补偿、补助、奖励及周转补助费扣除超面积价款后，王大山共领取了货币补偿 946577.4 元。

根据古寺村腾退安置及补偿实施细则的规定，此次腾退工作采取置换房屋和货币补偿相结合的方式进行，只要是被认定的有效安置对象，安置房建筑面积人均不足 50 平方米的都可按人均 50 平方米置换。以安置对象人数为

---

① 北京市海淀区人民法院山后人民法庭法官助理。

基数，置换面积超出宅基地面积的部分，需按一定价格进行支付购买。按照认定的房屋建筑面积给予搬家补助费，按认定的安置对象人口数给予周转补助费，按安置房建筑面积给予装修补助费，以宅基地院落为单位享受提前搬家奖励费、工程配合奖励费，以宅基地面积给予提前腾地奖、空院补助、特殊奖励费。

协议书签订后，安置房也依约交付。701号房屋由王大山夫妇居住使用，1201号房屋由王春雷一家居住使用，另外两套房屋一直在对外出租。截至搬迁之时，王大山、张晓云、王春雷、王春红、庄丽丽、王欣的户口都登记在这个院落里，并且除了王春红以外，其他人都在这个院落内实际居住。王春红在2008年结婚后搬离了20号院。古寺村20号院搬迁腾退后，王大山前前后后一共给了王春红搬迁补偿款10万元。

（二）外嫁女起诉家人要求分割搬迁补偿

王春红认为，古寺村20号院内房屋是家庭共有的房产，虽然王大山作为被腾退人与腾退单位签订了协议书，但王春红与其他家庭成员一样都是被安置人。所以自己也有权利要求分割各项补助及奖励，包括两次搬家补助费、空调移机费、电话移机费、有线电视撤装费、提前搬家奖励费、工程配合奖励费、特殊奖励费、提前腾地奖、空院奖励费、装修补助费等补偿款中的六分之一，并应该取得一套安置房。因此，王春红向法院提出了诉讼，要求依法对古寺村20号院腾退安置补偿款946577.4元及4套安置房进行分割。

王大山、张晓云、王春雷、庄丽丽、王欣都不同意王春红的意见。他们认为古寺村20号院是当地政府批给王大山的宅基地，地上所建房屋也都是王大山夫妇一起建的。王春红对搬迁前的20号院里的房屋建造没有任何出资、出力的行为，所以宅基地上的房屋也不是所谓的家庭共有财产。而且，定向安置房以及房屋重置成新价、各项补助及奖励，都是以院落为单位置换而来的搬迁利益。王春红没有权利主张分割。关于周转补助费是以安置对象为基数发放的，但王大山领取补偿款后已经给了王春红共计10万元的搬迁利益，早就远远超过了她应享有的数额，因此不应该再给王春红任何搬迁补偿了。

王春红作为出嫁女，虽然户籍留在古寺村 20 号院，但其本人并不在此生产、生活，也即我们通常所称的“空挂户”。那么，王春红不在此居住，为什么还会被列为安置人口？王春红作为空挂户人员，是否还是该农村集体经济组织的成员？王春红是否应与其他被安置人员一样，享受同等的搬迁安置利益？此外，分割确定“空挂户”人员搬迁安置利益的标准是什么？我们将带着上述疑问，逐一进行分析讨论。

法理分析

（一）何为“空挂户”？

“空挂户”又称“空挂户口”或“户籍空挂户”，它不是一个法律上的概念，法律对此并无明确定义。从字面含义来理解，其中的“户”一般表述为“户口”或“户籍”，是以户口簿为载体，由公安机关户口管理机构制作的，用以记载和留存住户人口的基本信息的法律文书，是证明一个公民自然情况最直接、最基本的依据。在农村，大家都习惯以户籍作为集体经济组织成员资格的识别标准，村民的户籍在哪个集体经济组织，原则上就具有该集体经济组织成员资格，可以获得集体经济组织成员应当享有的利益，如申请宅基地的使用权等。实务中，诸多农村地区的搬迁政策与腾退细则中，也会针对该农村集体经济组织成员设置很多搬迁补偿名目。比如，本案中，古寺村 20 号院的腾退搬迁，是在认定有效的宅基地面积基础上，采用按有效安置人口数量确定的优惠购房指标进行的安置。其中有效安置人口的主要认定标准就是户籍是否在古寺村 20 号院。另外，在某些地区的搬迁政策中，根据家庭成员的婚姻状况、分户状况的不同，同等面积、同等人口的家庭享受的补偿利益也会有所不同。

但近年来，随着农村人员的频繁流动，户籍管理也日渐松动，集体经济组织成员的构成变得相对复杂，出现了原住户、外来户和空挂户等问题。“空挂户”是指农村户籍管理中“人户分离”的情形，是指户口在此地，但是人不在此。“空挂户”因产生原因的不同而存在多种类型，如挂靠单位的“空挂户”、挂靠亲戚的“空挂户”、征地搬迁的“空挂户”、农转非形成的“空挂户”等。本案中的王春红则属于因婚嫁产生的“空挂户”，是指由于婚姻嫁娶，户口没有随之迁移而形成的“空挂户”，表现为：基于经济利益驱动或其他原因，某一个集体经济组织成员结婚后实际已在该集体经济组织之外的地方生产、生活，但未将户口迁入该集体经济组织，而是将户口继续留在原集体经济组织处。在农村腾退搬迁工作中，这种“人户分离”问题给有效安置人口的认定带来了现实困难。农村集体经济组织成员资格的取得，原则上应以该成员是否实际在该农村集体组织所在地生产、生活并依法登记常住户籍为基本判断依据，同时要考虑土地对农民的基本生活保障功能。但实务中，只有“户籍”标准具有可操作性和权威性，因此经常出现只要户口登记在被搬迁村落，即使该人未实际居住在该村落，并不在该集体土地上生产，也可在搬迁过程中享有一定的优惠面积指标、安置补助和生活补助费等安置利益。本案中的王春红即为此类典型的情形。如果王春红外嫁他处生产、生活，并不以古寺村土地为其基本生活来源，说明王春红与原集体经济组织之间已不存在固定的生产和生活关系，在该种情况下，王春红应不再认定为 20 号院的安置人口，但因为其是否实际在 20 号院内居住生活很难去衡量确认，但其户籍在此是客观事实。基于此，王春红在搬迁时也依旧被列为“安置人口”。

（二）“空挂户”人员是否享有搬迁利益？

不同地区或不同时间批次的宅基地腾退安置及补偿标准会有所不同，具体到各项安置及补偿利益的取得与分割，需要结合当地的搬迁腾退政策和腾退安置补偿细则确定。各项费用项下均有计算方式及依据，发放对象也具有严格的标准及规定，包括关于安置房的详细置换标准。法院在审理过程中也需结合涉案地区的搬迁腾退政策和细则作出裁判。本案中，腾退搬迁补偿方式为“置换房屋和货币补偿相结合”的方式。王大山、张晓云、王春雷、庄丽丽、王欣及王春红一共获得 4 套安置房及腾退安置补偿款 946577.4 元。为了讨论方便，下文的分析均以本案中的此类腾退搬迁补偿方式及腾退补偿政策为讨论前提。

关于“空挂户”作为安置人口是否有权分割置换房屋，理论界并没有形成统一的认定标准。一种观点认为，只要被列为安置人口，即可享受对应的搬迁安置面积，无论其是否对被搬迁的院落及房屋的建设作出贡献。另一种观点认为，如果当事人没有对宅基地的取得及房屋的建设作出贡献，即使他作为安置人口，享有优惠购房面积，也不能以此获得相应的搬迁安置房屋。实务中，对此问题则采用了一种比较折中的做法，一般是由已经取得该部分房屋所有权的其他安置人，给予该“空挂户”人员一定的房屋折价款。但是，如果主张权利的当事人并没有其他实际住房，可酌情判定其在安置房中居住使用一定年限，这也是在司法实务中经常被采用的一种方式。

关于“空挂户”作为安置人口是否有权分割各项货币补偿，也即搬迁腾退总补偿、补助费和奖励费的分割问题，需要结合宅基地使用权人的情况，各家庭成员在建造院落房屋时的出资、出力情况，以及当地搬迁单位搬迁细则的规定综合判定。一般来说，根据腾退搬迁政策，每一个安置人员都可能享有部分货币补偿。

（三）“空挂户”人员是否有权分割各项货币补偿？

各类货币补偿中包括了两大类：补偿款及补助费。其中补偿款主要有区位补偿价款（俗称地价）、房屋重置成新价（俗称房价）、附属物、有效宅基地面积超过可置换安置房建筑面积的货币补偿款、空调移机费等设备安装费用等。补助费则包含搬家补助费、搬家奖励费等。

对于区位补偿款的认定一般是考虑宅基地使用权的权利登记人及实际的居住使用人口。权利登记人主要体现在宅基地使用权人的登记。因此，宅基地使用权的补偿与该户的人口数量无关。本案中，王春红在2008年结婚出嫁后，搬离古寺村20号院，不在此居住，且其一直在丈夫家生产、生活，其身份已经发生变化，已不再是古寺村集体经济组织的成员，因此，王春红没有权利要求分割宅基地使用权补偿。

对于地上物补偿，包括房屋的重置成新价及附属设施的补偿。该部分补偿主要需明确包括房屋在内的地上物的所有权人，以确定补偿款的归属。区分地上物所有权人需确定该地上物是个人单独所有还是多人共有。因为根据《中华人民共和国物权法》第九十三条[①]的规定，不动产或动产可以由两个以上单位、个人共有。共有包括按份共有和共同共有。同时，根据《中华人民共和国物权法》第九十九条[②]的规定，共有人约定不得分割共有的不动产或者动产，以维持共有关系的，应当按照约定，但共有人有重大理由需要分割的，可以请求分割；没有约定或者约定不明确的，按份共有人可以随时请求分割，共同共有人在共有的基础丧失或者有重大理由需要分割时可以请求分割。因分割对其他共有人造成损害的，应当给予赔偿。可见，家庭成员间请求分割地上物补偿的前提是地上物属于家庭共有财产。家庭共有财产是指家庭成员在家庭共同生活关系存续期间共同创造、共同劳动所得的财产。家庭共有财产属于家庭成员共同所有。

本案中，关于王春红是否是古寺村20号院内房屋共有人的问题，法院认为应该综合考虑王春红是否实际对20号院内房屋的新建、翻建或装修进行过出资、出力。在这个过程中，可以由法院参照在历次建房时王春红的年龄、职业、收入状况进行推断，王春红也可陈述其出资、出力建房的具体细节，并举证证明其主张，如提交出资、出力建房方面的证人证言、建房材料购买情况和劳务人员来源方面的材料等。在本案中，王春红在2008年搬离20号院，搬离的时候她才20周岁，没有固定工作，也没有固定的生活收入来源。在案件审理中，她也没有举证证明她在20号院内参与过新建、翻建房屋，搬迁的时候，她也没有在20号院内实际居住，因此，法院认为此次搬迁利益中涉及对地上物补偿的款项，王春红无权要求分割。

根据《古寺村宅基地腾退安置及补偿工作实施细则》的规定，其他的补偿项目中周转补助费系针对安置对象发放，王春红作为20号院的安置人口，

---

① 该条对应《中华人民共和国民法典》(以下简称《民法典》)第二百九十七条。

② 该条对应《民法典》第三百零三条。

有权要求分割。但搬家补助费、提前搬家奖励费、工程配合奖励费、特殊奖励费、提前腾地奖励费、空院奖励费、装修补助费等补偿款，因为王春红于2008年至搬迁前，一直未在该院落内居住，因此无权要求分割。

（四）“空挂户”人员是否有权分割安置房？

关于王春红是否有权要求分得安置房屋，需结合《古寺村宅基地腾退安置及补偿工作实施细则》以及20号院安置房屋选择的置换方式确定。本案中，安置房是依据享受人均最低安置面积标准政策即人均50平方米计算安置房面积，所置换的定向安置房总面积大于有效宅基地面积的部分采取支付超面积价款方式确定。王春红作为被安置人，置换购买安置房时使用了其优惠购房指标，系基于特定身份获得的优惠安置利益，因此王春红有权要求分割安置房屋。

根据《中华人民共和国物权法》第一百条第一款[①]的规定，共有人可以协商确定分割方式。达不成协议，共有的不动产或者动产可以分割并且不会因分割减损价值的，应当对实物予以分割；难以分割或者因分割会减损价值的，应当对折价或者拍卖、变卖取得的价款予以分割。所以关于安置房的分割问题，还需考虑各方居住现状，也需考虑当事人的起诉目的，必须有利于各方当事人今后的生产生活。本案中，王春红虽有权要求分割安置房屋，但结合现在各方当事人的居住生活情况，基于王春红作为被安置人所应享有的优惠安置利益，由王大山给付王春红一定的折价款的处理方式更加妥当，具体数额依据搬迁政策及涉案宅院置换安置房情况确定。此部分款项与周转补助费合并后扣除王大山已支付款项，最终判决王大山再行向王春红支付补偿款22万元。

知识拓展

（一）“空挂户”问题探究

随着经济社会发展、城镇化步伐加快，越来越多的“空挂户”事由出现。

① 该条对应《民法典》第三百零四条第一款。

比如，房屋产权转移、婚姻家庭关系的变化、征地、搬迁、工作单位的调整，又如，出国、出境、移民、应征入伍、求学等。但是根据《中华人民共和国户口登记条例》第三条第一款和第十条第一款的规定，户口登记工作，由各级公安机关主管。公民迁出本户口管辖区，由本人或者户主在迁出前向户口登记机关申报迁出登记，领取迁移证件，注销户口。也就是说，户口的迁移是本人自愿的行为，必须是本人去办理，公安机关没有权利强制性将户口迁出。经济在发展，人们的生活也在不断变动，户籍的管理却难以跟上人们的脚步。但“空挂户”的问题确实也客观上影响了医疗卫生、教育行政等资源的合理配置和规划，容易导致资源分配的不平衡，不利于社会管理的有效开展。

对此，学界也多有讨论，就此问题的解决提出了很多建设性方案。有学者提倡建立以政府为主导的人口信息资源共享平台，对公安、民政、劳动人事、计生、房管等部门的基本信息进行整合，实行微机联网，达到资源共享，对居民的户籍地、居住地、工作地、家庭婚姻情况等相关信息能进行实时更新查询，并通过各方面综合治理，多方施策，逐步解决人户分离导致的“空挂户”问题，进而使得管理服务不“空挂”。还有学者建议在人口普查过程中，将普查对象由“常住人口”改为“现住人口 + 户籍外出人口”，将“空挂户”作为调查对象来登记，通过宣传、引导、服务到位等方式鼓励进行户籍迁移，加强户口清理整顿工作，避免“空挂户”现象。针对农村地区的空挂户问题，我国也一直在大力推进农村的户籍改革制度，力求建立起城乡一体化的户籍管理制度，“空挂户”的现象也会随着户籍管理改革的深入而得以缓解。

（二）“空挂户”人员是否属于宅基地使用权人？

本案中，法院经审理后认为王春红虽然户籍登记在20号院，但其没有权利要求分割区位补偿款。引申的问题是作为“空挂户”的王春红是否仍属于宅基地使用权人？“户口”是否等同于“宅基地使用权人”？

宅基地使用权是宅基地使用权人依法对集体所有的土地享有占有和使用的权利，有权依法利用该土地建造住宅及其附属设施。农村宅基地使用权有其特殊性，其在设计之初就是为了保障农民的生活和居住的基本权利能够实现，因此，具有很强的保障功能。

宅基地使用权是以户的名义取得，以户为单位进行登记的，登记在权利证书（宅基地审批表）上的通常是户主的名字。同时，权利证书上会标注申请登记时该户的家庭成员数量、姓名等基本信息，也会注明该申请人申请的宅基地面积及四至。因此，在审查农村宅基地使用权人时，不能简单按照权属登记证书上户主的名字，确定宅基地使用权的归属，要结合申请宅基地使用权时家庭成员人数，确定宅基地使用权的权利人，尤其是要确定权属登记上的财产是否为家庭共同财产。

取得了宅基地使用权的人也可能基于各种事由丧失该权利。根据《中华人民共和国物权法》第一百五十四条①、《中华人民共和国土地管理法》第二条、第六十二条的有关规定，宅基地使用权利的消灭情形有：宅基地自然灭失，如洪涝；法定灭失，如征收；主体灭失，如无人继承。上述宅基地使用权利的灭失情形并不包含婚嫁行为。因此，宅基地使用权利并不因宅基地使用权人的出嫁而当然消失。比如，女方出嫁后，仍在原村耕种土地，并按时履行对原村集体应尽义务，其并未脱离原集体经济组织所在地生产、生活，那么，其原宅基地使用权并非当然消失。但是，如果是本案中王春红这般出嫁至他处并在他处已取得其他的宅基地使用权，就会与法律规定的“一户一宅”原则相冲突。此时，王春红这类“空挂户”人员在享有另一处宅基地使用权的保障利益基础上再行要求分割原宅基地所涉财产利益的请求，就会面临诉求被驳回的风险。此外，虽然实务中宅基地使用权多是登记在父或母名下，但是地上房屋如果是该出嫁女的兄弟姐妹建造，出嫁女自身对地上房屋的建造、装修与维护没有出资、出力等贡献，也并不必然能够分得搬迁中宅基地上房屋对应的财产权利。

普法提示

农村搬迁是一项系统而烦琐的工作，也是社会和民众关注的“大事”。

① 该条对应《民法典》第三百六十四条。

因此搬迁工作中的各个环节都应被严谨、认真对待。搬迁过程应公开、公平、公正。搬迁单位及被搬迁的村民都应当及时学习、了解法律、行政法规中关于宅基地使用权、农村房屋所有权的相关规定，增强法律意识、做到依法搬迁。

虽然《中华人民共和国民法典》并未对农村搬迁利益分配、征收程序等内容作出具体规定，但《中华人民共和国民法典》第二百四十三条规定了集体土地征收补偿、房屋搬迁补偿等问题，且《中华人民共和国土地管理法》第四十七条明确规定，县级以上地方人民政府征收土地应严格遵循申请批准、风险评估、制定标准、公告、听证等程序。法院在审理“空挂户”人员是否享有户籍所在地搬迁利益时，应严格遵循土地征收政策、房屋搬迁补偿标准和安置方案，充分保障被腾退人的合法权益。

搬迁单位可有针对性地强化搬迁政策与细则在搬迁腾退过程中的可操作性，如将“是否分户”与“户内人口”认定标准进行明确细化，并将认定有效安置人口的过程予以透明化，全面、及时地将房屋实际情况、补偿方案标准、补偿金额等进行公示，严格执行诸如宅基地及房屋面积、房屋价值等确定补偿标准的硬性指标，力求最大限度让搬迁中的参与人员尤其是被搬迁的村民做到心中有数。同时，搬迁单位还可以尽可能地做好腾退政策、细则的宣传和解释工作，加强对腾退搬迁全过程的监督，减少因搬迁政策的理解偏差产生的搬迁纠纷。

参与搬迁的村民应在了解搬迁政策和细则的基础上，对号入座地查看自身是否享有搬迁利益。“空挂户”中“人不在此”不代表着什么搬迁利益都没有，但“户口在此”也不意味着自然取得全部的搬迁利益。家庭成员间应本着互谅互让、和睦团结和权利义务相一致的精神，遇到财产分割难题，优先协商处理，必要时做出适度的让步和改变，努力构建和维系和谐的家庭关系。

案例三

购买农村房屋是否可以取得搬迁利益？

——城镇居民购买农村房，起诉分割搬迁利益获支持

曲婧[①]

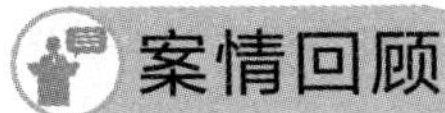

（一）城市居民购买农村房，合同被判无效

刘小根本是龙泉村的村民，跟着进城务工的浪潮，前往城市工作和居住。家里闲置的农房用不上了，于是刘小根就想把这几间房出售给正巧想在乡下置业的城镇居民王宝慧。二人一拍即合，立即签订了《房屋买卖合同》，约定："买卖双方在相互理解的情况下，在双方自愿的基础上，买卖双方达成协议。卖方自愿将龙泉村 291 号的三间北房及院子卖给王宝慧，卖房的价格为 10 万元，买卖双方在协议生效后必须都要严格遵守，不得反悔。卖方在收到买方的钱后三日内将房子交付王宝慧。此协议具有法律效力。"就这样，王宝慧如愿买到了三间农房，从此过起了悠闲的乡村生活。其中，王宝慧以刘小根的名义取得了建房批示，自行出资、出力对该房屋进行了翻建与加建。

不知不觉几年过去了，赶上国家的好政策，龙泉村作为棚户区要被腾退改造了，王宝慧兴高采烈地跟村委会和搬迁单位签订了《棚户区改造项目腾退补偿协议书》。可谁知，刘小根听到腾退的消息后匆忙地赶回了龙泉村，并要找王宝慧要回他的宅基地使用权和三间房屋。刘小根和王宝慧两个人你一言我一语，僵持不下，最终不欢而散。半个月后，王宝慧收到法院的传票，原来刘小根起诉王宝慧要求确认二人签订的《房屋买卖合同》无效。刘小根说，经过向专业人士进行咨询和自学法律知识后，他才得知农民不能将自己

---

① 北京市海淀区区人民法院四季青法庭法官助理。

的农村房屋擅自卖给非本村村民，王宝慧是城镇居民，不是龙泉村村民，户口也不在农村，因此双方私自买卖农村房屋的行为是不合法的，是不受法律保护的，双方签订的《房屋买卖合同》也是无效的。

王宝慧对此有不同意见，她认为，刘小根几年前把房子卖给她，自己也在房子中居住了这么多年，从诚实信用的角度来讲，不能因为房子要搬迁了，刘小根就可以把房子要回去，因此不同意确认买卖合同无效。

在确认合同无效的案件中，法院认为，王宝慧并非龙泉村村民，王宝慧与刘小根就购买龙泉村农村集体土地上的291号房屋所签订的《房屋买卖合同》，违反了法律关于农村宅基地使用权禁止转让的规定，当属无效。无效的合同自始没有法律约束力。合同无效后，因该合同取得的财产，应当予以返还；不能返还或者没有必要返还的，应当折价赔偿。291号的土地及房屋现处于腾退改造中，房屋亦已被拆除，现无返还的现实可能，对于刘小根要求返还291号房屋及院落，法院无法支持。但刘小根和王宝慧可就该合同被确认无效后的腾退补偿利益分配问题另案解决。该判决作出后，刘小根和王宝慧均服判，未上诉。

（二）购房人诉至法院主张农村房腾退补偿利益

龙泉村村委会听说了二人之间的诉讼情况，认为王宝慧无权购买龙泉村的房屋，不是房屋的所有权人，因此决定不再与王宝慧签订腾退补偿协议。这可把王宝慧急坏了，将刘小根和龙泉村村委会一起诉至法院，要求判令291号房屋的腾退补偿利益归王宝慧享有。

龙泉村村委会认为，在腾退补偿协议的审计过程中，村委会知晓了法院就被拆除的291号房屋判决刘小根与王宝慧之间的房屋买卖合同无效。基于此，村委会在明知王宝慧并非房屋所有权人的情况下，不能再与其签订腾退补偿协议。王宝慧曾向村委会出具有《承诺书》，承诺其本人为291号房屋的产权人，该房屋无任何第三方主张任何物权债权，但法院判决书可以证明王宝慧并未如实陈述房屋所涉产权纠纷，相应不利法律后果应由其自行承担。目前，经审计，291号房屋的腾退补偿利益为两套安置房屋和100余万元的补偿补助款，其中2套安置房采取的是宅基地面积1∶1置换，安置房屋面积超过合法有效宅基地面积共12平方米，被腾退人需补交购房款13万余元。补偿款则包括被拆除房屋及地上物的补偿款、腾退奖励费、搬家补助费、周转补助费、家电及移机费、疏解补助费等，扣除需支付的购房款后还可获得100余万元的补偿。

刘小根则认为，二人之间就291号房屋签订的《房屋买卖合同》已经法院生效判决认定为无效。根据腾退政策，被腾退人应为宅基地使用权人或房屋所有权人，因此自己才是291号房屋的权利人、被腾退人和腾退利益的权利人，因此《棚户区改造项目腾退补偿协议书》取得的全部腾退利益不应归王宝慧享有，而应判归自己享有。

本案系因城镇居民购买农村宅基地房屋被判无效后，遇到房屋被搬迁腾退时，双方对腾退补偿利益分配引发争议的一起案件。主要争议焦点在于，房屋买卖合同被判无效后，是否腾退补偿利益就应完全归属于原来的房屋所有权人即本案中的刘小根？刘小根因为房屋存在巨额腾退利益而要求确认买卖合同无效，那么应如何分配腾退补偿利益才会对本案中的买卖双方产生实质性的公平呢？

法理分析

（一）非本集体经济组织成员购买农村宅基地房屋的合同无效

根据《中华人民共和国土地管理法》（以下简称《土地管理法》）第十一条的规定可知，农民集体所有的土地依法属于村农民集体所有的，由村集体经济组织或者村民委员会经营、管理。《国务院办公厅关于加强土地转让管理严禁炒卖土地的通知》规定，农民的住宅不得向城市居民出售，也不得批准城市居民占用农民集体土地建住宅，有关部门不得为违法建造和购买的住宅发放土地使用证和房产证。

由此可知，宅基地使用权是农村集体经济组织成员享有的权利，与享有者特定的身份相关联，非本集体经济组织成员无权取得或变相取得宅基地使用权。农村房屋是依附于农村宅基地之上的建筑物，根据“房地一体”“地随房走”的原则，农村房屋买卖必然涉及宅基地使用权的转让，而宅基地使用权的取得和转让是有严格的法律规定的，宅基地使用权只能在本村集体内部流转，其主体只能是本集体经济组织的成员，不能是其他集体经济组织的成员。如果将宅基地使用权或者地上房屋出售给非本村集体经济组织成员，将违反《土地管理法》《中华人民共和国物权法》[①]（以下简称《物权法》）等相关法律的强制性规定。

王宝慧是城镇居民，与刘小根并不同属一个集体经济组织，买受人王宝慧不具有使用出卖人刘小根所在集体经济组织宅基地的资格，双方所签《房屋买卖合同》虽然是双方真实意思表示，但因为涉及农村集体土地上房屋的买卖，违反了国家法律的效力性强制性规定。根据《中华人民共和国合同法》（以下简称《合同法》）第五十二条[②]的规定，违反法律、行政法规的强制性规定的合同无效。因此刘小根与王宝慧签订的房屋买卖合同当属无效。

（二）合同无效后，腾退补偿利益根据合同双方的过错程度予以分割

本案的刘小根、王宝慧在买卖合同被判无效后，均主张各自应为291号房屋的被腾退人，腾退补偿利益应归其所有。村委会也因为生效判决认定了双方的房屋买卖合同无效，而不再与王宝慧签订《棚户区改造项目腾退补偿协议书》。那么，腾退补偿利益到底应归属刘小根还是王宝慧呢？

首先，腾退补偿利益的权属确认需要结合合同履行情况及双方的过错程度来考量。合同无效后，如果双方都有过错的，应当各自承担相应的责任。本案中，法院认为刘小根与王宝慧之间的房屋买卖合同之所以无效，是因双方的过错共同导致，二人应各自承担对应的责任。其中，刘小根作为出卖

① 现为《中华人民共和国民法典》（以下简称《民法典》）物权编。

② 该条对应《民法典》第一百四十六条、第一百五十三条、第一百五十四条。

人为经济利益，违法将农村房屋及本村宅基地使用权出售给城镇居民，对合同的签订、履行及合同无效的法律后果应承担主要过错责任。王宝慧作为城镇居民却购买农村房屋，缺乏法律常识，本人也未尽到审慎的注意义务，对买卖合同的签订和无效亦有过错，应对合同无效的法律后果承担次要过错责任。王宝慧有权在合同无效后就其损失向刘小根主张赔偿。

其次，腾退补偿利益的权属确认需要结合搬迁政策来综合考量。291 号房屋的补偿款中包括了房屋及地上物的补偿款、腾退奖励费、搬家补助费、周转补助费、家电及移机费、疏解补助费等。其中房屋及地上物的补偿款、家电及移机费等均系根据被拆时的房屋及附属设施的价值来认定；其他诸如搬家补助费等费用则是根据实际腾退人的腾退工作开展情况而设置的。本案中，刘小根已经多年未在此居住，地上房屋及附属设施均非刘小根所建造，而是王宝慧购房后翻建、扩建而成。2 套安置房采取的是宅基地面积 1∶1 置换及以部分搬迁补偿款购买额外的安置房面积来获得的。在不考虑双方过错责任的情况下，合法宅基地面积置换而来的回迁房应属于刘小根，而搬迁补偿款及通过搬迁补偿款额外购买的回迁房面积应属于王宝慧。

最后，腾退补偿利益的权属确认需要根据实践情况，综合双方的损失情况来认定。双务合同无效后，合同当事人应互负返还财产、折价补偿及损害赔偿的义务。但在农村搬迁背景下，若农村房屋买卖合同被认定无效，当事人按照返还财产，无法返还财产的进行折价补偿，仍有未弥补的损失再进行损害赔偿的路径去主张权利耗时较久，诉讼程序烦琐。为了避免诉累，若买卖双方直接起诉分割腾退搬迁利益，司法实务中可能会以确认买卖双方各自享有的腾退搬迁利益的方式来直接实现合同无效后的法律后果。本案中，在刘小根与王宝慧之间的买卖合同无效后，其法律后果就体现在法院综合考虑双方的过错程度、买受人实际受有损失情况、合同的签订和履行情况、腾退政策等多方面因素，直接将腾退补偿利益在王宝慧和刘小根之间进行了分配。最终，法院经审理后判决腾退补偿利益中一套安置房归王宝慧所有，另一套安置房由王宝慧及刘小根共同所有，其中刘小根享有该房屋 75.25% 的份额，王宝慧享有该房屋 24.25% 的份额。291 号房屋腾退所应得的补偿补助款项 100 余万元归王宝慧享有。这种分配方式体现了双方各自的过错，也可以在一定程度上平衡王宝慧因合同无效而产生的经济利益损失及刘小根作为农村集体经济组织成员应享有的搬迁利益。

知识拓展

《合同法》第五十二条规定的认定合同无效的五项事由，在《民法典》编纂时，对于其中第五项“违反法律、行政法规的强制性规定”进行了修改完善，即现在的《民法典》第一百五十三条，并且在第一百五十三条第二款吸收了“公序良俗”原则。

关于合同无效的法律后果，《民法典》总则编第一百五十七条沿用了《合同法》第五十八条的精神，仅将文字从“合同”行为概括为“民事法律行为”。

（一）合同无效后的返还财产

返还财产是指合同在被确认无效后，对已向相对方交付财产的一方享有返还请求权。如果当事人双方根本没有开始履行合同，或者财产上未交付，就不存在返还财产这一合同无效的法律后果。因为合同无效，意味着双方当事人之间没有任何合同关系存在，那么就应该让双方当事人的财产状况恢复到没有订立合同时的状态。此时，不论接受财产的一方是否存在过错，都应当负有返还财产的义务。比如，房屋买卖合同无效后，买方需要向卖方返还房屋，卖方需要向买方返还价款。

返还财产的范围应根据对方交付的财产数额来确定，原则上仅指返还原物或本金。但实务中，确定返还财产的范围时需要根据诚实信用原则及返还财产的财产性质来具体确定。其中需要大家注意以下两个问题：一是是否需要返还孳息。根据《物权法》第二百四十三条[①]的规定，不动产或者动产被占有人占有的，权利人可以请求返还原物及其孳息，但应当支付善意占有

① 该条对应《民法典》第四百六十条。

人因维护该不动产或动产支出的必要费用。二是在原物增值或者贬值的情况下，需要根据当事人的诉求，结合应予返还的财产性质，根据诚实信用原则的要求，在当事人之间合理地确定返还的范围。例如，甲以 10 万元的价格购买了乙的五间农房，如果该农房日后被腾退可以获得 100 万元的补偿，乙明知房屋要被征收或者腾退而主张买卖合同无效，要求甲返还房屋，一旦甲乙之间的买卖合同被确认无效，法院如果只是简单判决互相返还就对甲有失公平，因为甲只能拿回购房款 10 万元，而乙则会得到 100 万元的腾退补偿款，这会让不诚信的乙从不诚信的行为中获得巨大利益。为避免这种情况发生，在财产增值或贬值的情况下，要综合考虑市场因素、受让人的经营或添附行为与财产的增值或贬值的关联性并且结合甲乙双方对合同无效的过错程度，来合理地分配利益。

（二）合同无效后的折价补偿

折价补偿是对“返还原物”的一种替代方式，是指在原物因事实或者法律上的原因不能返还的情况下，当事人可以请求折价补偿。此处的不能返还可分为法律上的不能返还和事实上的不能返还。法律上的不能返还，主要是受善意取得制度的限制。即当一方将受领的财产转让给第三人，而第三人取得该项财产时在主观上没有过错，不知道或者没有责任知道该当事人与另一方当事人的合同无效或者被撤销，善意第三人就可以不返还该原物，并且该原物也是不可替代的，此时，该当事人就不能返还财产，他就必须依该物在当时的市价折价补偿给另一方当事人。事实上的不能返还，主要是指标的物灭失造成不能返还原物，并且原物又是不可替代的。在这种情况下，取得该财产的当事人应当依据该原物当时的市价进行折价补偿。以前述甲乙之间的买卖为例，甲以 10 万元的价格从乙处购买房屋后，以 20 万元的价格将房屋出售给善意第三人丙。在甲乙之间的买卖合同被确认无效后，房屋无法返还给乙了，乙只能要求甲返还 10 万元房款。对于高出房款的 10 万元，就需要根据甲乙的过错程度在二人之间分配，这样可以实现当事人间的利益平衡。

（三）合同无效后的损害赔偿

在合同被确认无效后，一般都会产生损害赔偿的责任。根据《合同法》第五十八条[①]的规定，合同无效后，有过错的一方应当赔偿对方因此所受到的损失，双方都有过错的，应当各自承担相应的责任。这意味着，当事人可以在请求返还财产或折价补偿的同时请求损害赔偿，但需要举证证明有损害事实客观存在、合同相对方具有过错以及相对方的过错行为与损失之间存在有因果关系。

在合同被确认无效后，凡是因合同的无效而给对方当事人造成的损失，主观上有故意或者过失的当事人都应当赔偿对方的财产损失。也就是说，当返还财产或者折价补偿不足以弥补损失时，理论上当事人可以请求损害赔偿以最大限度地弥补自身的损失。

普法提示

随着城市化进程不断加快，很多农村人口不断向城镇转移。有数据显示，目前全国农村空置宅基地有 3000 万亩。中国社会科学院农村发展研究所《中国农村发展报告（2017）》则指出，全国“空心村”闲置宅基地的综合整治潜力约为 1.14 亿亩。以北京为例，北京农村目前近八成村庄有闲置农宅，共约 7.5 万套，其中六成左右为整院落闲置。

大量闲置农房的出现，使得城镇居民购买农村宅基地房屋的现象越来越普遍，由此引发的房产纠纷也不断增加。其中，引发纠纷最重要的原因是国家征收土地和搬迁腾退农房产生巨额搬迁利益，出售了农房的农民纷纷想以确认合同无效为由拿回自己的房屋，继而获得巨额搬迁利益。对于此类房屋买卖合同，合同双方往往因为巨额利益相争而进入漫长的司法程序中，虽然法院会基于合同无效的法律规定认定该类房屋买卖合同无效，但合同无效后，双方都要承担各自过错所应负之责任，最终得到的利益可能无法达到各

---

① 该条对应《民法典》第一百五十七条。

自的心理预期。因此，我们在此提醒，城镇居民理性投资、合法置业。

对于已经购买了农村房屋的城镇居民，适逢搬迁腾退，如遇到出卖人要求收回房屋或者要回腾退补偿利益的情况，应及时向村委会或者搬迁单位说明情况，并尽量与出卖人友好协商解决纠纷。出卖人也应遵循诚实信用原则，在协商腾退补偿利益时适当作出让步，减少自己的过错对于买受人信赖利益的损失。如果双方矛盾较大，不能协商一致，须及时诉诸法院，以免影响腾退补偿协议书的签订以及腾退补偿利益的取得。

国家目前出台了很多政策鼓励多种途径盘活闲置宅基地和住宅，农民朋友们可以在政策允许的范围内通过自主经营、合作经营、委托经营等方式，依法依规发展农家乐、民宿、乡村旅游等新型产业，达到创收、增收的致富目的。

案例四

承租期间房屋被搬迁，承租人合法权益受损怎么办？

——承租人可就租赁房屋被搬迁所遭受的损失向出租人主张权益

蔡笑[①] 刘艳[②]

案情回顾

（一）外村小伙租用“养殖场”内自建房

2005 年，北洼村村民李老汉从村里承包了 3 亩养殖地（约 2000 平方米）建养鸡场，承包经营期限为三十年。承包土地后，李老汉在承包地上盖起了鸡舍搞养殖，但后来因为上了年纪，家里孩子不愿帮手，李老汉也就放下了养殖致富的心思，转而在承包地上“圈地”建起了 10 间房，当上了“包租公”。

2012 年 11 月，李老汉与外村来的年轻人刘来生签订了一份《租赁合同》，约定李老汉将北洼村养殖地 8 号至 10 号房屋出租给刘来生做厂房使用，约定房屋为毛坯房，租赁期为一年，自 2012 年 12 月 27 日起至 2013 年 12 月 27 日止，年租金 3 万元。合同签订后，刘来生对房屋进行了简单的装修，并搬来了一些机械加工设备，刘来生还在李老汉的帮助下办理了个体工商户的营业执照，红红火火地做起了生意。

2013 年 10 月，《租赁合同》到期前，刘来生找到李老汉，经两人协商后续签了一年期的《租赁合同》，合同条款与此前的约定一致，但房租上涨到一年 4 万元。2014 年 10 月，刘来生与李老汉再次续签《租赁合同》，租赁期间至 2016 年 12 月 27 日，合同条款同此前一致，但单独备注“因房屋原有水电线路以及保温、防水层老化，刘来生需自费对上述问题进行维修、新建”

---

① 北京市海淀区人民法院山后法庭审判员。

② 北京市海淀区人民法院四季青法庭副庭长。

的内容，刘来生并向李老汉支付房屋租金至 2015 年 12 月 27 日。

（二）房屋被搬迁，补偿款归属引争议

2015 年，北洼村村民代表大会决议加入镇里的经营性建设用地入市试点项目，对村里剩余集体土地上的房屋进行拆除、腾退。

2015 年 8 月，村委会张贴拆除腾退公告；同年 9 月，《土地腾退补偿实施方案》发布，载明："按被腾退房屋的建筑面积给予被腾退人腾退补助，标准为 25 元 / 平方米……对持有工商营业执照从事生产经营活动，且从事营业一年以上、按照国家法律依法纳税、营业执照上标明的经营场所与被腾退的房屋一致的，按其生产经营面积给予一次性停产停业综合补助费，标准为 500 元 / 平方米……"

听到了搬迁的消息，李老汉找到刘来生，要求他腾退房屋。听说评估公司上门评估后过不了多久就会停水、停电，刘来生只能另行加价在别处租赁了厂房，于 10 月 26 日搬走机械设备，腾退了承租的房屋。

2015 年 11 月 8 日，李老汉（乙方、被腾退人）与北洼村股份经济合作社（甲方、腾退人）签订了《养殖地腾退货币补偿协议》，协议载明：养殖场土地所有者为甲方，土地性质为集体土地，乙方在腾退范围内有 1398.76 平方米房屋，甲方须向乙方支付房屋补偿款 1000805 元（其中，腾退房屋重置成新价格 930700 元、装修及附属物价格 70105 元）、搬迁补助费 34969 元（房屋建筑面积共计 1398.76 平方米，按 25 元每平方米计算）、一次性停产停业综合补助费 629000 元（营业面积 1258 平方米，按 500 元每平方米计算）。当日下午，李老汉交出了养殖场的钥匙并在《腾退确认单》上签字。

2016 年 2 月 23 日，李老汉领到了搬迁款。搬迁档案中包含有房屋平面图、照片、《租赁合同》、刘来生的个体户营业执照、评估报价单等材料并载明：北洼村养殖地搬迁时，被搬迁院落内共有 10 处房屋，院落内总建筑面积 1398.76 平方米……其中 8 号、9 号、10 号房屋的建筑面积分别为 332.83 平方米、290.40 平方米、20.90 平方米，3 处房屋共计 644.13 平方米……院落内经营面积共计 1258 平方米。

不久，刘来生找到李老汉，表示因为搬迁自己只能腾退厂房，虽然已经在附近加价租赁了新的厂房，但搬家的费用、耽误的订单和给客户的违约金等各项损失加起来是一笔不小的数额，所以希望李老汉能给自己一定的补偿。然而，李老汉只同意向他返还租期未满部分的剩余租金，而不同意赔偿损失。为此，两人对簿公堂。

刘来生认为，自己承租厂房多年，房租已经交到了 2015 年 12 月 27 日，自己还出资给房屋做了新的水电线路、保温防水层，现在租赁期间未满，租赁的房子却被搬迁，李老汉既然已经实际取得了搬迁款，就应对自己的损失加以赔偿，分一部分搬迁利益给自己。李老汉则认为，养殖场的土地是自己承包经营的，地上的房子是自己盖的，刘来生只是租客，搬迁以及搬迁款都与刘来生没有任何关系。

至此，双方间的争议焦点集中于《租赁合同》的处理以及刘来生能否要求李老汉赔偿损失、能否分得搬迁利益上。

法理分析

（一）李老汉与刘来生之间的《租赁合同》应如何处理？

《最高人民法院关于审理城镇房屋租赁合同纠纷案件具体应用法律若干问题的解释》第二条规定：“出租人就未取得建设工程规划许可证或者未按照建设工程规划许可证的规定建设的房屋，与承租人订立的租赁合同无效。但在一审法庭辩论终结前取得建设工程规划许可证或者经主管部门批准建设的，人民法院应当认定有效。”本案中，虽然李老汉与刘来生之间签订有《租赁合同》，刘来生承租了养殖场内的 8 号、9 号、10 号房屋，但李老汉在承包经营的土地上建房时并没有经过有关部门审批，故基于上述法律规定，李老汉与刘来生之间所签订的《租赁合同》属于无效合同。

如果李老汉与刘来生之间的《租赁合同》属于无效合同，李老汉是不是应将收到的全部房租返还给刘来生呢？答案是否定的。因为刘来生确实使用了李老汉的房屋，因此李老汉可以要求刘来生参照合同中约定的租金标准支付房屋占有使用费。考虑到刘来生实际占有使用房屋至 2015 年 10 月 26 日，刘来生已经向李老汉预交房屋使用费至 2015 年 12 月 27 日，故李老汉应向刘来生返还 2015 年 10 月 27 日至 12 月 27 日没有实际使用房屋期间的房屋使用费。

（二）刘来生能否要求李老汉赔偿损失、分得搬迁利益?

涉农搬迁过程中，搬迁利益原则上归属于宅基地使用权人或承包经营权人；通常而言，承租人不能基于“承租”而取得搬迁利益，但本案中，结合李老汉与北洼村股份经济合作社所签订的《养殖地腾退货币补偿协议》以及搬迁档案材料可知：

其一，李老汉取得的搬迁款中包含有装修及附属物价格 70105 元。结合《租赁合同》中所约定内容、双方陈述以及搬迁卷宗中包含的房屋平面图、照片所显示内容，2012 年时李老汉租给刘来生的 3 间房是毛坯房，2014 年 10 月刘来生对承租房屋的水电线路、保暖防水层进行了维修和新建，2015 年搬迁前刘来生承租的 3 间房内部并非毛坯房而是简装房。由此可以得知，刘来生作为承租人对承租房屋进行了装修，而刘来生的装修成果已经和 3 间房屋合为一体、无法拆分，搬迁时这部分无法拆分的装修成果被纳入搬迁补偿范畴，搬迁利益归属于李老汉。再加之，搬迁时，双方的租赁合同仍在履行过程中，因此，刘来生可以向李老汉主张该部分搬迁利益。在具体金额方面，考虑到 10 间房屋已经被搬迁，70105 元是全部 10 间房屋所对应的装修补偿款及空调等附属物作价，因此结合评估作价单，依据房屋面积折算（搬迁房屋总建筑面积为 1398.76 平方米，刘来生承租房屋面积为 644.13 平方米），法院最终判决李老汉向刘来生支付装修补偿款 4500 元。

其二，李老汉所取得的搬迁补偿款中包含有一次性停产停业综合补助费 62.7 万元。结合双方所确认的刘来生租赁房屋的用途，搬迁卷宗中包含的照片、个体户营业执照等内容可知，自租赁房屋以来，刘来生确实在承租房屋中经营机械加工业务，搬迁确实导致刘来生无法继续在承租房屋处正常经营并因此承受了一定的停业损失，因此刘来生主张李老汉应将搬迁所得的停产停业综合补助费分给自己一部分，存有一定合理性。那么，是否3间房屋面积所对应的停产停业损失均应归刘来生所有呢？结合该案判决，我们发现法院在肯定了刘来生开展的机械加工业务属于生产经营活动的同时，也裁判认定虽然李老汉对外出租自建房的行为属于经营活动，搬迁导致李老汉无法继续对外出租房屋获利，李老汉亦承受了停产停业损失，也即法院认定刘来生、李老汉在被搬迁房屋处均有实际经营活动。鉴于《租赁合同》所涉及的3间房屋对应的停产停业损失共计289654.96元，故在综合考虑租赁合同期间、租金交纳情况、双方经营情况及损失情况、双方是否采取妥善措施减少因拆除腾退房屋所造成的停产停业损失等各方面因素后，酌情判定李老汉因搬迁所取得的停产停业损失中应有57931元归刘来生所有。

其三，李老汉取得的搬迁补偿款中包含有搬迁补助费34969元。如前所述，结合《租赁合同》、双方陈述、《腾退确认单》以及搬迁卷宗中包含的照片所显示内容，刘来生租赁3间房屋用作厂房使用，在房屋内放置有机械加工设备，为配合房屋搬迁，刘来生在2015年10月26日搬走机械设备，腾空了承租的房屋；刘来生的腾退行为，为李老汉在2015年11月8日向搬迁单位交付养殖场搬迁院落及土地创造了可能性。由于搬迁补助费用是按照被拆除腾退房屋的建筑面积数给予被拆除腾退人的补偿，李老汉、刘来生均履行了搬迁腾退义务，故而搬迁补助费用应在两人间合理分配。经过核算，刘来生所租赁的3间房屋共计644.13平方米，对应的搬迁补助费为16103.25元，故法院结合房屋的占有使用情况，酌情判定李老汉因搬迁所取得的搬迁补助费中应有11272元归刘来生所有。

通过分析李老汉与刘来生间纠纷的裁判情况，我们可以发现，在租赁合同履行期间，如果承租房屋被搬迁，承租人虽然不是被搬迁人，但若承租人确因搬迁而遭受利益损失，且搬迁利益中包含有对该部分损失的补偿时，承租人可以基于租赁关系向实际取得了搬迁利益的被搬迁人主张相应权益，填平因搬迁、提前解除租赁合同所造成的损失。

知识拓展

在涉农搬迁过程中，通常情况下，搬迁单位仅考虑对宅基地所有权人或土地承包经营权人的补偿安置，并不会直接与承租人沟通搬迁安置补偿事宜。但由于近年来，农村宅基地上房屋、非住宅房屋、自建房出租情况的大量发生，不少因涉农搬迁而引发的承租人要求损失赔偿的案件进入司法审判视野。承租人不是宅基地使用权人，不是宅基地上房屋的建造者，为什么法院会支持承租人的诉求，判决出租人取得的部分搬迁利益归承租人所有呢？就此问题，我们需要对如下几个方面问题加以了解。

（一）“搬迁款”的常见构成

搬迁时，作为丧失宅基地使用权和宅基地上房屋所有权等相关权益的对价，被搬迁人往往会取得颇为可观的“搬迁款”。对于“搬迁款”，大家的关注点通常集中于金额的多寡，却忽略了对“搬迁款”具体构成的关注，这便会引发“搬迁款”的取得与分配方面的纠纷，因此，在对外签订搬迁协议、对内分配搬迁利益时，了解“搬迁款”的构成及大致分配原则就显得尤其重要。

虽然，“搬迁款”的具体构成需以搬迁时特定的搬迁政策及搬迁协议约定内容为准，但一般来讲，“搬迁款”是由如下几部分款项构成的：

1. 搬迁补偿款：属于搬迁过程中“补偿”性质的款项，包括但不限于区位补偿价款（可以简单理解为“地价”，即被搬迁范围内房屋每平方米平均土地使用权作价）、房屋重置成新价（可以简单理解为“房价”，即被搬迁房屋的作价）、装修及附属物作价（通常是指房屋内部装饰装修及外部配件作价）、有效宅基地面积超过可置换安置房建筑面积的货币补偿，空调、有线电视、电话、宽带等设备的拆装费、移机费等。

2. 搬迁补助款：属于搬迁过程中“补助”性质的款项，搬迁补助费的有无及名目一般会因各地搬迁政策的不同而有较大差异。大致来讲，搬迁补助款中可能会包含有搬家补助、空院奖励、提前搬家奖励、提前腾地奖励、工程配合奖励、一次性支持建设奖励、未成年人补助、老年人补助、贫困补助、出租房屋补助、营业补助、装修补助、应批未批拆基地补助费、节约土地奖励等不同项目。

3. 自行周转补助、异地安置费等。这两项款项比较容易理解，前者主要是指对周转期间自行解决住房等困难而给予的补助款项，后者主要是指对搬迁后异地安置所给予的补助。

以上项目，虽然都可以被简称为“搬迁款”，但因款项的具体性质有所不同而在分配上需要遵守不同原则。比如，区位补偿价在分配时原则上主要考虑宅基地使用权的登记情况及实际居住人等因素，房屋重置成新价在分配时原则上主要考虑房屋的建造情况及实际居住人，装修及附属物作价款在分配时原则上主要考虑装修出资情况及附属物的所有情况。以李老汉和刘来生之间的纠纷为例，该案中，承租人刘来生与土地经营承包权无关，也与养殖场地上房屋的建造无关，因此刘来生无法取得搬迁利益中的房屋重置成新价；而刘来生的装修行为与被搬迁的 8 号、9 号、10 号房屋的装修作价有关，刘来生的经营行为与被搬迁房屋的一次性停产停业综合补助费的核算有关，刘来生的腾退行为与被搬迁房屋的搬迁补助费的核算有关。因此，刘来生虽然只是承租人，但在他由于房屋搬迁而遭受损失时，刘来生确实可以向已经取得搬迁利益的李老汉提出主张，依法分得部分搬迁利益。

（二）租赁关系结束后装饰装修成果的归属问题

在日常生活中，承租人因生活、生产需要对租赁房屋进行一定的装饰装修是较为常见的现象。通常，如果装饰装修成本不高或装饰装修成果并没有与房屋合为一体可以轻易拆除的，在租赁关系结束后，承租人与出租人之间不会因此发生纠纷；但如果装饰装修成本过高且装饰装修成果与承租房屋合为一体无法拆除的，在租赁关系结束、承租人交回房屋时，承租人与出租人之间往往会因装饰装修物的归属及折价等诸多问题产生纠纷。为了妥善处理此类纠纷，《最高人民法院关于审理城镇房屋租赁合同纠纷案件具体应用法律若干问题的解释》中对此作出了详尽规定，具体来说：

1. 如承租人的装饰装修行为没有经过出租人的同意，则装饰装修费用由承租人自行负担，而且出租人有权要求承租人恢复原状或者赔偿损失。如果承租人擅自变动房屋建筑主体和承重结构，出租人还有权要求承租人在合理期限内将房屋恢复原状，如承租人拒不同意，承租人即有权要求解除房屋租赁合同并要求承租人赔偿损失。

2. 如承租人的装饰装修行为经过了出租人的同意，但租赁合同被认定为无效时：（1）如出租人同意利用，则装饰装修物可以折价归出租人所有。（2）出租人不同意利用时：①对于未形成附合的装饰装修物可由承租人拆除，但因拆除造成房屋毁损的，承租人应当恢复原状。②对于已形成附合的装饰装修物，则由双方各自按照导致合同无效的过错分担现值损失。

3. 如承租人的装饰装修行为经过了出租人的同意，期间届满或者合同解除，双方如在合同中对此种情况下装饰装修物的归属作出过约定，则按照双方约定处理。

4. 如承租人的装饰装修行为经过了出租人的同意，但双方没有在合同中约定过装饰装修物的归属，那么需要根据装饰装修物的类型作出不同处理：（1）对于未形成附合的装饰装修物，可由承租人拆除。但拆除行为造成房屋毁损的，承租人应当恢复原状。（2）对于已经形成附合的装饰装修物：①双方因租赁合同期间届满而结束租赁关系的，承租人请求出租人补偿装饰装修费用的，法院不予支持。②双方因种种原因导致提前解除租赁合同、结束租赁关系的，则需要区分不同的解除原因对装饰装修物进行处分，基本上遵循过错方不利的原则进行处理。但如果因不可归责于双方的事由导致租赁合同解除，那么对于装饰装修物残值损失，应本着公平原则加以处理。

（三）承租房屋面临搬迁时出租人、承租人应如何应对?

房屋租赁的根本目的在于取得房屋使用权、安居乐业，但如果承租的房屋有被搬迁的风险，出租人、承租人又应如何应对呢?

对于出租人，我们有如下几点建议：一是如房屋已经被纳入近期搬迁规划，则尽量避免与他人签订长期租赁合同，可适当选择与他人签订短期租赁合同，且应在合同中对于承租人租用房屋的用途、承租人能否对房屋进行装饰装修、如遇搬迁等不可抗力时租赁合同的解除以及装饰装修物的归属等作出明确约定。二是租赁合同履行期间，如房屋确定纳入搬迁规划，则及时将相关情况告知承租人，与其协商租赁合同解约事宜并敦促其尽早寻找可替代房源。三是在搬迁时，了解相关搬迁政策，对于“搬迁款”的具体构成做到心中有数，如承租人确因提前解除租赁合同而受损，则应尽早与承租人协商解决纠纷。

对于承租人，我们则有如下几点建议：一是在签订房屋租赁合同时，尽量不要选择已经纳入近期搬迁规划考虑的房屋。同时，在租赁合同中，对房屋的现状、能否进行装饰装修、租赁合同到期后装饰装修物的归属等应作出明确约定。二是在租赁合同履行期间，如承租房屋可能被纳入搬迁范围，则尽早与出租方协商退租事宜，尽快着手寻找新的承租房屋，最大限度上减轻搬迁对自己生活、生产所造成的影响、减轻损失。三是如受搬迁影响，提前解除租赁合同确实给承租人带来经济损失，则对于实际发生的、合理范畴内的装饰装修损失、搬家损失、停产停业损失等项目，承租人可以与出租人协商补偿事宜。如协商未果，则承租人可在了解相应的搬迁政策、腾退方案后，在出租人已经与搬迁单位签订补偿协议并取得了搬迁补偿时，持相关证据材料至人民调解组织申请调解或针对出租方向法院提起诉讼。

普法提示

房屋搬迁补偿的主要目的是对被搬迁人的财产权益进行补偿，确保被搬迁人的财产权益不因搬迁而受到损害。房屋承租人对被搬迁房屋虽不享有所有权，但如果房屋搬迁时房屋租赁合同履行期间并未届满，承租人确因房屋搬迁而遭受实际损失，那么承租人基于租赁合同关系，有权针对出租人提起诉讼，要求出租人赔偿合理损失。

对于此类案件，法院将依据搬迁政策、搬迁补偿款的具体构成，承租房屋的性质、用途、租赁合同的签订和履行情况等多方面因素，依法对案件进行裁判。

第四章

继承案件中搬迁利益的分割与认定

案例一

起诉分割巨额遗产，搬迁利益花落谁家？

——解析被拆除翻建的宅基地房屋继承中的价值判定和分割方式

徐斌[①]

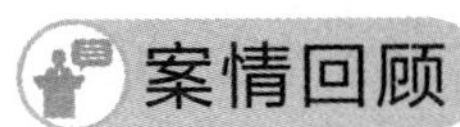

案情回顾

（一）搬迁利益分配引来亲人反目

赵三爷和黄氏是北城区赵家村一对普通的农民夫妻，20 世纪 50 年代，二人育有儿子赵武、女儿赵文两个子女。很长一段时间，一家四口在老两口建造的位于赵家村 886 号的三间平房中过着平淡的日子。1971 年，赵文出嫁到他村，搬离了 886 号院，留下当时也已成家的赵武陪着二老，和赵武妻子周天、年幼的儿子赵双、赵全一同在 886 号院生活。黄氏于 1978 年 1 月去世，赵三爷于 1997 年 3 月去世，两位老人生前对于他们的遗产如何处理，未曾留有遗嘱。赵文与丈夫王海在他村批地建房生活，生育了一个女儿王洋，王海于 2007 年 4 月去世，赵文于 2008 年 12 月去世，二人生前也未留有遗嘱。

赵文去世之后，女儿王洋与舅舅赵武一家虽不是多么亲近，但多年间也是相安无事，这场官司起因于王洋要求分配舅舅一家因搬迁所得利益。2009 年，北城区四季青镇赵家村地区进行搬迁改造腾退。在该次搬迁中，赵武一家居住使用的 886 号院房屋被拆除，赵武、周天夫妇与他们的两个儿子赵双、赵全的家庭一共获得了 300 万元的货币补偿，并按照搬迁政策，用其中的 160 万元购买了七套安置房，而后领取了剩余补偿款 140 万元。王洋认为，搬迁中被拆除的 886 号院房屋都是其姥姥黄氏、姥爷赵三爷的遗产，其母亲赵文与其舅舅赵武未曾对 886 号院房屋进行过继承分割，搬迁后，舅舅

① 北京市海淀区人民法院四季青人民法庭审判员。

赵武拒绝把其母亲赵文应继承的份额拿出来由她代位继承，故起诉分割搬迁利益，要求分得一套带电梯的两居室安置房屋及购房后剩余搬迁补偿款的50%。

（二）来自被告方的不同看法

搬迁协议涉及赵武夫妇、赵双一家三口和赵全夫妇，七人一同成了案件的被告，对于王洋所称的搬迁利益是赵三爷夫妇的遗产并要求继承，赵武一家并不认可。七人称，886号院中是曾有赵三爷夫妇所建的三间老房子，但这三间老房在1982年时由赵武夫妇拆除并进行了翻建，在1997年时又将1982年建造的房屋翻建了一次，当时赵三爷、黄氏夫妇均已经去世。2009年搬迁时，拆除的是1997年赵武一家所建的房屋，与赵三爷夫妇已经没有任何关系了，所以搬迁所得的货币补偿和用货币补偿所购买的安置房屋，都不是赵三爷、黄氏的遗产，而应归他们一家所有。

（三）房屋权属上的激烈交锋

按照搬迁政策和搬迁协议的规定，2009年搬迁时，886号院有房屋25间，占地面积近300平方米，300万元搬迁补偿款包括：1. 房屋的地上物部分补偿，叫作重置成新价，金额为80万元；2. 宅基地被征用的补偿款，叫作区位补偿价，金额为200万元；3. 给予房屋居住人员的搬家费、周转费等的补助，金额为20万元。可见房屋搬迁利益即货币补偿款主要来源于被搬迁房屋本身，大头是根据房屋地上物情况、占地面积计算而来的重置成新价和区位补偿价。

案件中，双方都认为，被拆的房子的权利是谁的，就决定着谁能拿到房子对应的搬迁补偿款，双方就被拆房屋的权属问题展开了激烈的交锋。针对886号院房屋，实际居住使用房屋的赵武一家拿出了房屋1997年的建房施工许可证、农村私有房屋建设工程规划许可证作为证据，并请多位同村村民出庭作证，证实了赵武夫妇于1982年将赵三爷夫妇所建的三间老房拆除，在院内建造了北房4间和西房1间，1997年的时候，886

号院批给赵武夫妇和两个儿子进行了再次翻建，院内建成北房4间、西房3间、东房3间和南房3间，此后赵武一家又陆续在院内建造了其他房屋，从而形成了2009年搬迁时的25间房。相比之下，未曾在886号院内居住过的王洋，虽极力否认上述情况，但没能拿出有力的相反证据予以反驳。

王洋在上述事实举证方面落了下风，但坚持认为886号院的房子，最早就是赵三爷夫妇的，最后房子被拆了，所得的利益里面，一定有赵三爷夫妇的遗产，坚持要把官司进行到底。那么，886号院房屋搬迁所得利益中到底有没有赵三爷夫妇的遗产呢？如果有，王洋能够继承的遗产到底有多少呢？

法理分析

（一）搬迁利益中的遗产析分

1. 区位补偿价的权利归属

《中华人民共和国土地管理法》第六十二条第一款规定：农村村民一户只能拥有一处宅基地。《中华人民共和国物权法》第一百五十二条[①]规定：宅基地使用权人依法对集体所有的土地享有占有和使用的权利，有权依法利用该土地建造住宅及其附属设施。上述法律规定确定了农村宅基地上房屋“一户一宅”的原则和宅基地的性质：（1）为了保障集体经济组织成员即本村村民的居住生活；（2）村民仅享有使用权，而没有所有权，所以法律上原则性禁止宅基地使用权通过继承、赠与、买卖等方式变更给非同一集体经济组织之外的人即非本村村民。宅基地使用权的主体资格是以“户”为单位家庭，而户内人口由于出生、死亡、婚嫁等情况，宅基地使用权人的情况会产生阶段性的变化。

该案中，赵三爷夫妇在世时，886号院原有三间老房对应的宅基地使用

① 该条对应《中华人民共和国民法典》（以下简称《民法典》）第三百六十二条。

权人，是赵三爷夫妇和他们的两个孩子赵文、赵武。赵文出嫁后在他村与配偶一起另批宅基地建房，其对于886号院宅基地不应再享有使用权。赵三爷夫妇去世后，至1997年时，依据当年的建房批示和建房事实，886号院宅基地的使用权人已经变更为赵武夫妇和他们的两个儿子。赵三爷夫妇在搬迁前已经去世，故对于死后搬迁所得的宅基地使用权的补偿，二人不享有权利，区位补偿价不能作为二人的遗产进行继承，而应归搬迁时房屋的宅基地使用权人即赵武一家享有。

2. 搬家费等补助款项的权利归属

按照搬迁政策和搬迁协议，搬家费等补助，是针对实际居住使用被搬迁房屋的人口，为使其配合搬迁，搬离被搬迁房屋而发放的款项，这部分钱款，应按照搬迁协议中的人口，归实际居住使用被搬迁房屋的赵武一家享有，而不能作为搬迁时已去世的赵三爷夫妇的遗产。

3. 重置成新价的权利归属

继承从被继承人死亡时开始，赵三爷夫妇去世时，是有三间老房遗留的，这是一项非常明确的遗产，对于该三间老房还是应当按照继承进行处理的。在没有进行继承分割的情况下，赵武夫妇将这三间老房拆除后翻建了886号院内房屋，从法律上来讲，不应当排除这三间老房作为遗产的性质和相应价值。赵武一家所说的老房已经不存在了，所以就没有赵三爷夫妇的遗产了，在法律上是不能成立的，但老房被拆除这个事实，确实影响了老房房屋价值的确定，这就涉及一个遗产形式转化的问题。

886号院房屋被赵武夫妇于1982年和1997年进行了两次翻建，三间老房的价值转化到了翻建后的房屋中，后来886号院翻建后的房屋于2009年被拆除，三间老房的价值又转化成了搬迁补偿款中的重置成新价即地上物补偿款。参照货币补偿协议记载的重置成新价金额和对应的被拆除房屋情况，法院酌情判定了原有三间老房在拆除补偿中对应的价值金额，且考虑赵武长期与被继承人赵三爷夫妇共同居住生活，认定赵武应当多分，判定王洋有权代位其母亲赵文继承分得的搬迁补偿款中遗产金额为15000元。

（二）分家另过子女“拿钱不拿房”

因赵武一家表示不要求分清他们七口人的具体权利份额，法院最终判定886号院因搬迁所得的包括安置房屋和剩余补偿款的利益归赵武一家共同享有，就此需向王洋支付15000元，而王洋也因大大超过其合理的权利范围主张权利，被判决承担了17000余元的诉讼费。那么还有一个问题，为什么搬迁利益都给了赵武一家，而王洋只能拿折价款呢？要知道在北京，房屋的价值是巨大的，160万元买七套房也只有在搬迁的时候才能遇到，王洋为什么不能取得搬迁利益呢？这样的分割方式，涉及共居子女对于宅基地房屋继承分割的影响。

首先，如前所述，保障本村村民居住生活是宅基地使用权的一项重要功能属性，赵武一家作为886号院的宅基地使用权人和实际居住人，相比在他村另批宅基地建房的赵文，对于886号院房屋的归属应当享有优先的权利，根据搬迁政策和搬迁利益取得过程，安置房屋是原有的宅基地上房屋的转化，应当让安置房屋切实地发挥保障被搬迁的失地农民居者有其屋的安置保障作用；其次，假设原有三间老房没有被拆除，赵文又继承取得了三间老房中的一间，那么根据“房地一体”原则，已经有了其他宅基地房屋的赵文，又相当于通过继承取得房屋，而取得了房屋对应的宅基地使用权，这既是对“一户一宅”法律原则的违反，对于长期与被继承人赵三爷夫妇共同生活的赵武来讲也不公平。综合考虑现有法律规定、农村习俗和公平原则，应当确定此类情形的裁判原则是：已经分家另过并另批宅基地建房的子女要求继承分割父母在宅基地上的遗产房屋时，仅有权分得地上房屋的现金价值的折价款，而非房屋权属。

知识拓展

（一）“房地一体”“一户一宅”和实质公平等原则影响下的宅基地房屋分割

《中华人民共和国继承法》第二条[①]规定，继承从被继承人死亡时开始。

① 该条对应《民法典》第一千一百二十一条第一款。

第三条[①]规定，遗产是公民死亡时遗留的个人合法财产，包括公民的收入、房屋、储蓄和生活用品……司法实践中，宅基地上房屋继承案件疑难复杂的原因在于：其一，依据继承法的上述规定，宅基地上房屋也属于公民的合法财产，依法应当继承处理；其二，按照物权法的相关规定，我国法律确定了“房地一体”的原则：地上房屋和房屋所占土地不能归属于不同的主体而分离处分；其三，依据土地管理法和物权法的相关规定，宅基地使用权不能继承。

考虑上述立法情况，在司法实践中，涉及宅基地上房屋的继承分割，采用的裁判逻辑是坚持“房地一体”和“一户一宅”的法律原则，确定农村宅基地房屋“地随房走”的认定规则，以追求实质公平为裁判目标。2018 年 6 月发布的《北京市高级人民法院关于审理继承纠纷案件若干疑难问题的解答》，其中第七条农村宅基地上房屋不适用遗赠，第八条已分家另过子女主张继承父母宅基地房屋应只分得房屋价值折价款而非房屋权属，第九条被继承人死亡后所遗宅基地房屋被翻扩建时如何处理，体现的都是上述裁判逻辑。

（二）宅基地房屋“地随房走”的裁判逻辑

如前所述，宅基地使用权的主体为“户”，但“户”内人员会因出生、死亡、结婚、离婚等法律事实而发生变更，导致宅基地使用权的主体范围处于变动状态，考虑婚姻家庭案件的特点，在贯彻“房地一体”原则的基础上，人民法院以宅基地上房屋权利人的判断为裁判的切入点，是原则的、可行的、合理的做法。即通过判断宅基地上房屋的权利主体，进而判断相应房屋对应的宅基地使用权人，以解决当事人之间就地上房屋分割而产生的纠纷。如涉及房屋搬迁，对于宅基地及宅基地上房屋转化而成的搬迁利益进行权属判断和分割，仍是以此为基础逻辑，但需结合考虑搬迁政策，确定搬迁利益取得的依据，即补偿款是依据什么取得的，安置房是依据什么取得的。

举例来说，很多的搬迁腾退项目实施的政策都是宅基地面积置换安置房

① 该条对应《民法典》第一千一百二十二条。

屋面积，在处理因该种搬迁（或村民自主腾退）项目取得的转化利益分割问题时，采用原有房屋的权利主体认定为切入点，在判断原有房屋权利人的基础上，将相应的房屋所占宅基地的转化利益，也判定归房屋权利人享有。

（三）如何判断宅基地房屋的权利人？

对于宅基地房屋的形成是否存在贡献，是判定某人是否为宅基地房屋权利人的首要考虑因素。贡献主要表现为对于宅基地取得的贡献和对于地上房屋建造形成的贡献。宅基地房屋权属的判定是一个非常复杂的问题，受农村管理水平较低、宅基地审批欠缺规范性、农村习俗等因素的影响，存在贡献与否虽是主要考虑因素，但并非存在贡献即享有房屋权属的必然对应关系，需要根据个案的不同情况来进行司法审查和认定。这里主要谈司法实践中存在较多的两个问题。

1. 并非宅基地批示中的所有家庭人口都必然是宅基地使用权人

贡献，必须是实质贡献。现实中可能存在已经分家另过的子女和另批宅基地子女仍出现在其他子女的宅基地批示中、父母存在于多个子女的宅基地批示中等情况，需要依据地上宅基地申请理由、房屋建造的出资出力情况、居住使用情况，来判断宅基地取得方面的实质贡献人和使用人，并非宅基地批示中的所有家庭人口都必然是该处宅基地的使用权人。

2. 存在出资出力并不能必然取得房屋权属

在实践中，大量有关父母宅基地上农村房屋及搬迁利益的析产继承的案件，均存在部分当事人以对宅基地房屋翻扩建存在贡献为由，主张宅基地房屋权利乃至要求分割搬迁利益，对此我们不能一概而论，仍应当坚持以是否属于“户”内成员作为判断的依据，若属于“户”内成员，则在房屋权属和搬迁利益分割上存在影响；若不属于“户”内成员，则无法主张相应房屋权利和转化的搬迁利益。

一方面，对于分家另过子女而言，他们出资出力参与父母宅基地房屋翻扩建的行为并不能作为主张宅基地房屋权利的依据。分家另过子女已不再属于父母宅基地的“户”内成员，若基于出资出力行为便能取得父母宅基地上房屋的权属，便会出现分家另过子女不仅单独批示有宅基地，还能额外享有父母宅基地权利的情况，实质上违背了“一户一宅”的基本原则。因此，主流观点认为，分家另过子女的出资出力行为虽然增加了宅基地上房屋的价值，但其对继承物权归属并无影响，从风俗习惯、公平原则等角度而言，将该行为判断为赠予、亲属间无偿帮扶抑或一种债务行为较为适宜。

另一方面，对于和父母共居一户的子女，宅基地使用权的主体资格是以户为单位的家庭，该子女属于“户”内成员身份，考虑其和父母长年生活在宅基地房屋中的事实，其出资出力参与宅基地内房屋建设的行为便不能单纯地认为是对父母的赠予、帮扶抑或债务行为，而是基于自己在宅基地内居住生活需要进行的。因此，在对该院内的农村房屋或相应搬迁利益分割时就应当结合房屋的实际居住使用情况及出资出力的贡献程度综合考虑，而非一刀切地认为宅基地房屋均属于父母的夫妻共同财产。

此外，应当指出的是，还存在一类与父母共居一户的子女的配偶对宅基地内房屋形成出资出力的情形。对此，我们认为，在婚姻关系形成后，该子女与配偶若常年在父母宅基地上的房屋内与父母共同生活，那么即使该子女的配偶并未登记于早年的建房施工许可证中，其身份上仍然属于宅基地的“户”内人员，其出资出力行为将影响房屋的权属划分。

普法提示

随着城市化进程的推进，越来越多的农村宅基地房屋被拆除，原有房屋所占宅基地经过行政审批手续变更为建设用地，农民也从村里的平房搬进了新建的楼房。

农民搬迁钱款和安置房屋的确权、分割问题，虽然大多体现在农民家庭的离婚、析产、继承等家事案件中，但人民法院会在考虑时代背景、整体的房地产法律规定的情况下，以婚姻家庭等具体法律规定为准绳，处理好农民家庭内部、农民与居民兄弟姐妹之前的情感和法律纠纷。需要指出的是，涉及农村宅基地房屋及房屋转化的搬迁利益的分割，会因不同的家庭情况、不同的搬迁政策等因素的影响，而有不同的需要解决的法律问题，但公平正义始终是司法的追求，人民法院也会在厘清法律关系和查明案件事实的基础上，保障每个案件的实质公平。简言之，付出才有回报，贡献与收获在法律上是成正比的。

案例二 兄弟三人共同签署《分家单》，分家析产是否有效？

——有效的分家析产应由家庭成员共同参与并协商一致

蔡笑[1]

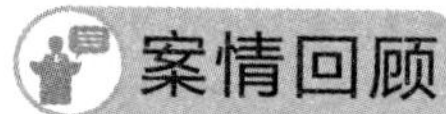

（一）兄弟三人协商签署《分家单》

张家祖辈生活在北京市西郊外的牛头村，张有福（1930 年生人）与刘秀兰（1932 年生人）一辈子务农，两人共生养了五名子女，分别是女儿张金凤、张银凤，儿子张大龙、张小龙、张宝龙。

张有福夫妇在牛头村共有三处宅基地，分别是牛头村 72 号院东院（以下简称东院）、牛头村 72 号院西院（以下简称西院）、牛头村 15 号院（以下简称 15 号院）其中：东院和西院是早年间村集体审批给张有福家的宅基地，东院面积为 480 平方米，院内有北房 3 间；西院面积为 390 平方米，院内有北房 6 间；15 号院是张有福从父母处继承取得，宅基地面积为 105 平方米，院内有北房 3 间、西房 2 间。1982 年 5 月，区政府向张有福颁发的林权证中明确记载了以上三处院落的坐落位置、面积及四至情况。

张有福夫妇带着五名子女主要在东院、西院居住，随着子女们相继成家，加之院内房屋年久失修，张大龙等五人陆续搬出东院和西院自行居住。2011 年 12 月，张有福与刘秀兰因年老体弱搬到了镇里的老年公寓，借住在张有福大哥家的两居室里。这时，张有福已经因患病而长期卧床，刘秀兰也因重度耳聋需要依靠助听器才能进行日常交流。2014 年，牛头村为了建设度假村，计划对部分老旧房屋、街道进行整体搬迁改造，其中就涉及张有福家的东院

[1] 北京市海淀区人民法院山后法庭审判员。

和西院。

2014 年 9 月，张大龙、张小龙、张宝龙三人签写了《分家单》，对家中的三处宅基地及地上房产进行分割，约定：东院北房 3 间及其宅基地归张小龙所有；其余两处宅基地和房屋由张大龙、张宝龙均分。当月，牛头村组织对征用的宅基地进行清查测量，张大龙、张小龙、张宝龙到村委会对宅基地测量结果进行了确认。

经公示，牛头村此次搬迁补偿的依据是宅基地使用权面积及地上房屋面积。2016 年 7 月，张小龙与村委会签订了《搬迁房屋补偿协议》，载明东院宅基地面积为 480 平方米，约定置换取得三居室楼房三套以及搬迁款 7000 元；2016 年 9 月，张宝龙与村委会签订《搬迁房屋补偿协议》，载明西院宅基地面积为 150 平方米，约定置换取得三居室楼房一套及搬迁款 14 万元。张大龙因对搬迁补偿有意见，还没有与村委会签协议。2016 年 10 月，牛头村将《搬迁房屋补偿协议》中所涉及的张家宅基地收回并将地上房屋拆除，但尚未向张小龙、张宝龙交付安置房屋及搬迁款。

（二）父母、姐妹起诉要求确认《分家单》无效

2016 年 11 月，张有福夫妇与张金凤、张银凤将张大龙兄弟三人诉至法院，要求确认《分家单》无效，刘秀兰作为张有福的委托诉讼代理人到法院参与了庭审。法庭上，刘秀兰和张家兄弟姐妹五人对于《分家单》的效力问题，各自发表了看法。

刘秀兰及张金凤、张银凤认为，张大龙兄弟三人于 2014 年签署的《分家单》是无效协议，原因是：张家在牛头村的三处宅基地都登记在张有福名下，院里的房屋都是张有福夫妇在张金凤、张银凤的帮助下建造。张大龙兄弟三人没有征得父母、姐妹的同意私分家产，侵害了张有福夫妇及张金凤、张银凤的合法权益。

张大龙、张宝龙同意父母及姐妹的意见，认可《分家单》是无效协议。两人称："2014 年分家是张小龙主动提出来的；张小龙说东院面积大，他家人口多房子少，所以他想要东院；分家的时候，我们三人商量了好几回，后

来在镇上，就是爸妈住的老年公寓的客厅里达成了协议，写下了《分家单》。当时，大姐、二姐不在场，我爸卧病在床，老太太的助听器坏了也听不清我们在说什么。2016 年我们在父母不知情的情况下和村委会签订了搬迁协议。张金凤、张银凤看到《搬迁公告》提出要分房子后，爸妈才知道《分家单》的事。我们现在后悔了，我们不应该私下分家，什么都没给爸妈留。"

张小龙不同意父母及姐妹的意见，认为《分家单》是有效协议。张小龙说："2014 年 9 月，我们兄弟三人在爸妈家中与爸妈一起商量分家的事，说好东院归我，剩下两个院子由张大龙和张宝龙均分。张金凤和张银凤两人虽然不在场，但她们知道分家的事情，也知道具体的分配方案，她们两个也都同意这么分。分家以后，我和张宝龙也已经与村委会签订了《搬迁房屋补偿协议》，这说明村委会认可《分家单》的效力。爸妈现在打官司，是因为张金凤、张银凤想要分得搬迁利益。"

至此，双方间的争议焦点集中在张大龙兄弟三人签署的《分家单》是否有效。如《分家单》无效，那么张小龙、张宝龙能否取得《搬迁房屋补偿协议》中载明的搬迁利益?

法理分析

（一）兄弟三人协商签署的《分家单》是否有效?

《中华人民共和国物权法》第九十七条[①]规定："处分共有的不动产或者动产以及对共有的不动产或者动产作重大修缮的，应当经占份额三分之二以上的按份共有人或者全体共同共有人同意，但共有人之间另有约定的除外。"法院经过审理查明，本案所涉及的东院、西院、15 号院，三处宅基地均登记在张有福名下，宅基地使用权归属于"张有福户"，宅基地上的房屋主要由张有福与妻子建造，长女张金凤及二女张银凤在建房时曾经出资出

① 该条对应《中华人民共和国民法典》(以下简称《民法典》)第三百零一条。相较于《物权法》第九十七条,《民法典》第三百零一条增加了"变更性质或者用途"的内容。

力。因此，在对上述宅基地使用权、地上房屋及相关财产权益进行处分时，需有张有福夫妇、张金凤、张银凤等家庭成员的共同参与和同意方具有法律效力。

那么，本案中，张大龙兄弟三人协商签署的《分家单》是否有效呢？我们将从如下几个方面来加以分析、考量。

其一，张小龙主张张有福夫妇、张金凤、张银凤知晓《分家单》的签订情况并同意分配方案，张小龙的说法能否被法院采信？需要指出的是《分家单》上并没有张有福夫妇、张金凤姐妹的签名。在案件审理过程中，刘秀兰、张金凤姐妹、张大龙及张宝龙也均表示签署《分家单》时父母及张金凤姐妹不在场，并不了解协议内容；因此，依据民事诉讼中“谁主张，谁举证”的最基本原则，张小龙应提交证据证明他的主张。本案中，张小龙未能有效举证，因此结合《分家单》的落款签名情况，法院对张小龙所持主张无法予以采信。

其二，张大龙、张小龙、张宝龙兄弟三人是否有权代张有福夫妇处分家庭财产？依据相关法律规定，成年人为完全民事行为能力人，可以独立实施民事法律行为。本案中，虽然张有福夫妇已是高龄老人，身体健康不佳，但张有福、刘秀兰并没有经过法定程序被宣告为无民事行为能力人或限制民事行为能力人，因此从法律角度而言，张大龙兄弟三人虽然是张有福夫妇的亲生子女，但在未经张有福、刘秀兰本人授权的情况下，无权代替两人处分大额家庭财产。此外，张有福夫妇并没有对《分家单》中的内容加以追认，而是以诉讼的方式明确地对《分家单》表示了反对。因此，即使是亲儿子，张大龙、张小龙、张宝龙兄弟三人也无权代张有福夫妇处分家庭财产。

其三，张大龙兄弟三人签署的《分家单》在内容上是否合法？从《分家单》约定的内容而言，三兄弟在《分家单》中处分了张家三处宅基地使用权及地上房屋的所有权，既未考虑到缺乏劳动能力的高龄老人张有福夫妇日后的生活生计问题，也未考虑到作为同胞姊妹的张金凤姐妹在家庭共同财产中的付出。换言之，张大龙兄弟三人未与张有福夫妇、张金凤姐妹商议而签署的《分家单》损害了他人的合法权益，属于《中华人民共和国合同法》第五十二条所规定的恶意串通损害他人合法权益所致的合同无效情形[①]。因此，从约定内容而言，张大龙兄弟三人所签署的《分家单》并不合法。

综合以上三点，法院最终判决张大龙兄弟三人签署的《分家单》无效。

（二）张小龙、张宝龙能否取得《搬迁房屋补偿协议》中所载明的搬迁利益？

首先需要明确的是，在张大龙、张小龙、张宝龙三人所签署的《分家单》属于无效协议的情况下，三人不能依据《分家单》中所确认的宅基地使用权及地上房屋划分方案取得相应的搬迁利益。

但值得注意的是，如张小龙、张宝龙与村委会签订的《搬迁房屋补偿协议》中所确定的宅基地使用权面积、地上房屋面积与客观情况相符，所约定的安置补偿方案符合搬迁政策，那么，张有福等人仅仅以《分家单》无效为由要求确认这两份《搬迁房屋补偿协议》无效的诉求通常是不会得到法院支持的。此时，对于已搬迁部分，该部分搬迁利益作为共同财产归张有福等人共有；对于未搬迁部分，张有福夫妇可以与村委会协商达成《搬迁房屋补偿协议》。最终，两部分财产权益可一并列为争议财产，依法进行析产。

知识拓展

分家，通常是指将一个较大的家庭分成几个较小的家庭，同时对家庭共有财产进行分割并确定各个家庭成员的财产份额的过程。严格来讲，“分家”并不是一个法律概念，“分家”这一说法从未直接出现在现行有效的法律法规中。但在司法实践中，依据最高人民法院2011年出台的《民事案件案由规定》，“分家析产纠纷”的确是民事诉讼领域婚姻家庭纠纷中的一种特定的案件类型。

以北京郊区的涉农村分家析产案件为例，近年来有调研明确指出，此类

① 该条对应《民法典》第一百五十四条。

案件绝大多数争议集中于家庭房产，审理过程中往往暴露出诉争房屋权属难以确定、证据证明力较低等诸多问题。那么，在日常生活中，如家庭内部确有分家需求时，我们应从哪些方面加以注意，才能合法、合理、清楚、有效地分家呢？考虑到《分家单》中所约定的内容在法律层面可能涉及赡养、赠与（父母将财产分给全部或部分子女）、共有物分割（对父母与子女共有财产的处分）等诸多法律关系，故为避免分家后个别家庭成员以未参与或不知晓分家协议、侵犯其合法权益为由主张《分家单》无效，我们建议分家时由全体家庭成员参与并协商达成一致，共同签署《分家单》。具体来讲，不妨从如下几个方面着手。

（一）确定家庭成员，不要“少人”

分家时，要做的第一件事就是确定家庭成员，不要遗漏必要家庭成员。以典型的父辈任家长的三代同堂家庭为例，其家庭成员可以分为“父辈（家长）—子辈—孙子辈”，要特别注意不要遗漏如下几类人员：

其一，仍在世的父辈。父辈虽往往是未分家大家庭的家长、管理人，但在分家时遗漏父辈的情况并不鲜见。第一种情况是父母双亲均在世，但由于年事已高、健康状况不佳或其他原因，在分家过程中丧失话语权，如张家兄弟三人签订的《分家单》。第二种情况是由父亲或母亲做主决定分家，未经协商单方直接对夫妻共同财产及大家庭共有财产进行处分。第三种情况则是父辈中管家的“父亲”或“母亲”一方过世，子女在料理逝者后事的同时，直接就生者的赡养问题及家产分配问题达成协议。殊不知这样的安排看上去“明明白白”，却遗漏了分家过程中最有发言权的一位当事人，侵害了他的合法权益。那么，是否不论父辈意识清醒与否都应参与分家析产的过程呢？显然不是的，如果父辈被确定为无民事行为能力人或限制民事行为能力人，那么此时可由其监护人代行权利。

其二，特殊的子辈。在分家析产的过程中，基于家庭财产的共有情况及继承法的相关规定，有如下几类子辈成员需要格外加以关注，不应遗漏：1. 已经“进城”或“出嫁”的子辈。客观而言，子辈确有可能由于上学、参军、就业、出嫁等原因丧失村集体经济组织成员的身份，不再享有本村的宅基地使用权，但对家庭共有财产作出过贡献或对已过世父母财产享有继承权的“进城”或“出嫁”子女在分家时仍有权提出相应的权利主张。2. 已经过世子辈的配偶、子女。按照继承法中代位继承、转继承的相关规定，子辈先于父辈去世的，孙子辈可以代位继承；继承开始后，遗产分割完毕前子辈去世的，子辈的法定继承人可以主张转继承。此外，丧偶儿媳对公、婆，丧偶女婿对岳父、岳母，尽了主要赡养义务的，可依法作为第一顺序继承人。因此，以“孤儿寡母”为典型代表的已经过世子辈的配偶、子女有权在大家庭分家时依法主张份额。3. 养子女、继子女。按照婚姻法的规定，养父母和养子女间的权利和义务，继父或继母和受其抚养教育的继子女间的权利和义务，适用婚姻法中对父母子女关系的有关规定。因此，子辈中的养子女、有抚养关系的继子女，在分家析产时亦可以主张权利，其合法权益与亲生子女并无区别。

其三，缺乏劳动能力又缺乏生活来源的家庭成员。分家的实质，是大家庭分解成若干小家庭各自独立生活，因此在分家过程中，缺乏劳动能力又缺乏生活来源，无法独立生活的家庭成员的归属和去留问题就需要加以格外关注，稍有不慎，轻则有违民事法律规定，重则构成违法犯罪，具体可见《中华人民共和国刑法》第二百六十一条“对于年老、年幼、患病或者其他没有独立生活能力的人，负有扶养义务而拒绝扶养，情节恶劣的，处五年以下有期徒刑、拘役或者管制”之规定。因此，在分家析产时，对于年老、年幼、患病或者其他没有独立生活能力的家庭成员，应做出妥善的安置，依法为其保留财产份额并商定其监护方案。

（二）厘清家庭财产，不要“漏财”

分家时，要做的第二件事就是明确家庭财产，不要遗漏共有财产，也不要将他人合法的个人财产纳入共有财产范畴。按照财产类别，分家时尤其需要注意以下几点：

其一，不动产。首先需要明确的是，村民对宅基地上房屋享有所有权，但对农村宅基地仅享有土地使用权。考虑到宅基地使用权与地上房屋的一体性，在此一并阐述。对于宅基地使用权及地上房屋，虽然是一种客观存在，但在法律层面，仍需要明确相应财产的“特定性”，即院落的坐落、四至、面积，房屋的类型、数量、朝向、面积、建房审批情况等。以上信息，虽然可见于宅基地使用权证、林权证、建房审批表、换房单等材料，但现实生活中因宅基地分配、房屋买卖、分家、继承等导致宅基地使用权人变动或实际门牌号变动等情况未及时在有关部门备案的并不鲜见。因此，在分家时，需得尽可能将院落及院落内房屋情况明确化、具体化，避免因院落及房产的“名不副实”而引发纠纷。

其二，动产。与不动产登记制度相区别，动产的所有以“持有”为原则。然而“家庭”并不是民事法律关系中的主体，客观上无法以“家庭”的名义持有财产，因此分家中所涉及的动产，大多是由特定个人持有或保管的财物。故而，分家过程中，对动产进行处理最重要的一环就是将个人财产从家庭共有财产中剔除。此处需要明确的是，对于大家庭而言，虽然有着“同居共财”的通行做法，但以下列财产为代表的财物属于个人财产，不应纳入家庭共有财产范畴，如个人的婚前财产，特定家庭成员因身体受到伤害获得的医疗费、残疾人生活补助费，遗嘱中明确只归夫或妻一方的遗产等。以上财产，无论多寡，均不应纳入家庭共有财产范畴，而应归属权利人个人所有。

（三）协商一致须立字为据，不要“偷懒”

分家时，要做的第三件事就是将商定的分家方案落实到纸面上，毕竟“空口无凭”，需得“立字为据”。近年来，随着人们法治意识的增强，书面分家协议的使用率逐渐提升，部分家庭会在分家时邀请亲友、村干部或是律师加以见证，甚至有部分家庭将《分家单》拿到公证处进行公证，但无论是家人自行协商、第三方见证还是公证，在签写《分家单》时，仍有如下几个小细节需要加以注意：

其一，标题和首部。既是用于分家的协议，那么建议标题直白，避免使用《赡养协议》等可能造成误读的名称。首部写明协议人的姓名、曾用名、性别、户籍地、身份证号码及在大家庭中的特定身份，如父、母、长子等，并写明分家的原因和目的。

其二，正文内容。对院落、存款等财物，建议分门别类加以表述。以宅基地院落及地上房屋为例，可以表述为：“一、院落，共有 ×× 处，分别为：1.×× 省 ×× 市 ×× 区 ×× 村 ×× 街 ×× 号，宅基地登记在 ×× 名下，面积为 ×× 平方米，四至分别为 ××。院内北房 ×× 间，面积分别为 ×× 平方米，由 ×× 申请建房，由 ×× 出资建造……分家后……”其中，如北房几间归不同家庭成员所有，则建议表述为：“北房东数第一间归 ×× 所有，北房东数第二间归 ×× 所有……”

其三，尾部和落款签名。建议尾部注明“分家协议所列内容已详细阅读，确认上述内容经各方协商并自愿达成一致。分家协议文本一式 ×× 份，每人各执原件一份”等内容。落款部分应由参与分家的全体家庭成员持黑色中性签字笔签名、按捺指印、写明日期；签名应由本人完成，避免代签、替签、漏签等情况的发生；所签写姓名应与身份证姓名一致，避免使用化名、小名、曾用名；签名字体应清晰可辨识，避免使用草书、连体等难以辨识的字体。此外，如分家协议为多页材料，那么应注意逐页签名。在条件允许的情况下，也可以考虑对《分家单》的商定及签写过程进行录音、录像，留下影像资料为证。

最后，需要强调的两点是：《分家单》作为民事协议的一种，除非协议无效等法定情形发生，否则一旦签字即意味着对于协议内容的认可，即所谓的“落子无悔”。《分家单》签署后应妥善保存，对于其中所涉及的财产变更、转移等事项尽早加以执行。

普法提示

宅基地和房屋是农村家庭最为重要的财产。近年来，伴随着城镇化进程的加快及新农村建设的推进，农村居民的生活居住条件得到了极大的改善，但同时因搬迁利益在家庭成员间如何分配所引发的析产案件也在不断涌现。

诚然，搬迁利益的分配最终会在生效判决中找到答案，但一家人之间因财产争议在诉讼过程中所产生的情感上的裂痕却只能交由时间来平复。因此，与其在争议发生后诉诸法律对簿公堂，不如在争议发生前有效协商。

然而，在审判实务中我们发现，部分农村家庭虽然曾经进行过分家析产，但或者是分家析产仅有口头约定、没有书面协议，或者是分家析产仅有父母与儿子协商、没有女儿参加，或者是分家协议中载明了参与协商的家庭成员共有五人却仅有四人签名，再或者是分家协议中写明的院落门牌号及房屋情况与实际不符、分家协议中写明的房屋归属过于粗略缺乏执行可能等情况，以至于分家析产后仍会因家产问题引发纠纷。

因此，建议农村家庭，尤其是多子女家庭，能够在子女成年后，适时在全体家庭成员的共同参与下协商分家析产事宜，及时订立有效书面协议，唯有如此才能在最大程度上避免纠纷的发生。

最后还想说明的是，分家是在家庭成员自愿的情况下对于家庭财产的分配，但子女对父母的赡养义务属于法定义务，并不能基于约定而免除。因此，分家析产并不意味着子女与父母一刀两断，即使分家了、原本的老院子搬迁了，为人子女者也应想着常回家看看。

案例三

遗嘱处理农村房屋后腾退搬迁利益如何分配？

——解析继承农村房屋后腾退搬迁利益分割问题

林宇军[①] 宋窈[②]

案情回顾

王大爷与王大娘是一对老两口，两人感情很好，婚后生了四个孩子，分别是王刚、王青、王强、王倩，一家六口居住在村里的自家小院。王大娘身体一向不好，于 1999 年因病去世，因为病情发展太快太急，没来得及留下遗嘱。王大爷有感于生命无常，想趁着身体还好把身后事交代一下，于同年写下遗嘱一份，将其院内的所有房屋留给大儿子王刚继承。

王大爷写完遗嘱后，身体一直挺硬朗，日子也就这么不咸不淡地过着。到 2009 年时，王大爷所在的村要进行腾退改造，王大爷家的小院也在腾退改造的范围内，这可乐坏了一家人。由于王大爷年事已高，没有精力办理这些腾退改造的烦琐事宜，于是就让儿子王刚代替自己办理与腾退改造相关的一切事宜，王刚代王大爷签订了腾退搬迁协议，约定的安置房屋为 201 室，腾退搬迁补偿款若干。

王大爷之后的身体越发不好，最终在 2011 年因病去世了。安置房屋于 2013 年交房后，兄弟姐妹之间因为安置房屋的分割产生了争议，王刚认为既然父亲留下遗嘱，将房屋留给自己继承，而房屋现在已经腾退搬迁，由此获得的安置房屋及相应腾退搬迁利益都应当归自己所有，故王刚向法院提起诉讼，要求法院判令王大爷名下的《腾退搬迁置换补偿协议书》中的所有腾退搬迁利益归自己所有。

---

① 北京市海淀区人民法院四季青人民法庭审判员。

② 北京市海淀区人民法院四季青人民法庭法官助理。

王大爷的其他子女王青、王强、王倩这时可不高兴了，觉得王大爷偏心，凭什么我们就不能分到腾退搬迁利益，我们也有自己的想法，王大爷于2011年去世，王大娘于1999年去世，生前父母居住的院子，是属夫妻共同财产，父母均已去世，父母的院子也进行了腾退搬迁，父母的遗产由院内房屋转化为腾退搬迁利益，我们作为父母的子女，是第一顺位的继承人，我们要求继承父母房屋被腾退搬迁后的腾退搬迁利益。对于王刚提供的遗嘱，我们认为没有法律效力，因为遗嘱处分的是院内房屋，而不是院内房屋被拆除后的腾退搬迁利益，且王大爷的遗嘱中，将王大娘的房屋份额也进行了处分，即使遗嘱有效，王大娘的份额王大爷也是无权处分的。

双方都认为自己对父母尽了主要赡养义务，王青、王强、王倩提交了病历一页，证明其陪父母看过病，提交了录音一份，证明其与父亲交流过赡养事宜。王刚提交了多份病历，证明主要由其陪老人看病，同时其提交了公证遗嘱等，以证明尽了主要赡养义务。庭审中，王刚称父母去世均由其出资安葬，王青、王强、王倩认可自己对父母安葬未出资。

此时，案件的争议焦点集中在王大爷所留的遗嘱能否处分院内所有房屋及房屋腾退搬迁后的搬迁利益。

法理分析

王大爷和王大娘生前居住的房屋应该是王大爷和王大娘的夫妻共同财产，根据《中华人民共和国继承法》（以下简称《继承法》）第十条规定[①]，遗产按照下列顺序继承：第一顺序为配偶、子女、父母，第二顺序为兄弟姐妹、祖父母、外祖父母。继承开始后，由第一顺序继承人继承，第二顺序继承人不继承。王青、王刚、王强、王倩是他们的子女，作为第一顺序继承人享有继承权。

① 该条对应《中华人民共和国民法典》（以下简称《民法典》）第一千一百二十七条。

根据《继承法》第二十六条的规定[①]，夫妻在婚姻关系存续期间所得的共同所有的财产，除有约定的以外，如果分割遗产，应当先将共同所有的财产的一半分出为配偶所有，其余的为被继承人的遗产。房屋系王大爷与王大娘的共同财产，在遗产分割时，应当先分出该房屋的一半为王大娘的财产，剩余一半为王大爷的遗产。王大爷只能处理院内房屋中属于他自己的那一部分，也就是院子里的一半房屋。1999 年，王大爷亲笔写下遗嘱一份，但该遗嘱中是对院内所有房屋在王大爷死亡后的遗产处理，其遗嘱中处理王大娘财产的部分无效。王大娘 1999 年去世时未留有遗嘱，其份额应按法定继承处理。

根据《最高人民法院关于贯彻执行〈中华人民共和国继承法〉若干问题的意见》[②]第 39 条的规定，遗嘱人生前的行为与遗嘱的意思表示相反，而使遗嘱处分的财产在继承开始前灭失、部分灭失或所有权转移、部分转移的，遗嘱视为被撤销或部分被撤销。王大爷在 1999 年立遗嘱时，确实表示了他想将房屋留给其中一个子女王刚，但王大爷在世时，房屋被腾退搬迁，王大爷签订了相应的腾退搬迁合同，取得了相应的腾退搬迁利益，而后房屋被拆除。王大爷签订腾退搬迁协议可以视为王大爷在立遗嘱处分房屋后，又以同意房屋进行腾退搬迁的行为作出了与遗嘱相反的意思表示，使得遗嘱处理的房屋在继承开始前灭失，故王大爷所立遗嘱视为被撤销，不发生法律效力。王大爷的原有房屋被腾退搬迁后获得的安置房屋及腾退搬迁补偿款属于立遗嘱后新获得的财产，由于王大爷并没有立遗嘱对获得的腾退搬迁利益进行处理，故对于腾退搬迁利益应当按照法定继承处理，由其四个子女继承。

根据《继承法》第十三条的规定[③]，同一顺序继承人继承遗产的份额，一般应当均等。对被继承人尽了主要扶养义务或者与被继承人共同生活的继承人，分配遗产时，可以多分。有扶养能力和有扶养条件的继承人，不尽扶养义务的，分配遗产时，应当不分或者少分。继承人协商同意的，也可以不

① 该条对应《民法典》第一千一百五十三条。

② 该意见已于 2021 年 1 月 1 日废止。

③ 该条对应《民法典》第一千一百三十条。

均等。通过庭审中的证据可以认定，王刚对父母尽了主要赡养义务，包括多次陪父母看病，以及出资安葬父母，尽到了生养死葬的义务，故王刚对其父母的遗产应当多分，法院认定王青、王强、王倩各继承其父母遗产份额的20%，王刚继承其父母遗产的 40% 的份额。最终法院判决王大爷、王大娘因院内房屋腾退搬迁转化而来的腾退搬迁利益，王青、王强、王倩各继承 20% 的份额，王刚继承 40% 的份额。

知识拓展

北京地区的农村房屋搬迁腾退，涉及的利益较大，极易引发相应的家庭纷争，其中对于农村房屋的继承问题，以及继承农村房屋后对房屋腾退搬迁利益的影响，尚有许多可以探讨的方面，以下从五个方面进行分析。

（一）遗嘱处分农村房屋后，哪些情形会导致遗嘱被认定无效或者不发生法律效力？

1. 遗嘱不符合法律规定的形式要件。根据《中华人民共和国继承法》[①] 的规定，遗嘱的法定形式为：公证遗嘱由遗嘱人经公证机关办理；自书遗嘱由遗嘱人亲笔书写，签名，注明年、月、日；代书遗嘱应当有两个以上见证人在场见证，由其中一人代书，注明年、月、日，并由代书人、其他见证人和遗嘱人签名。在处分农村房屋时，以上三种遗嘱形式最为常见，需要严格按照法律规定的形式要件来立遗嘱，否则会导致遗嘱无效。

2. 遗嘱处分房屋后，被继承人尚未死亡时进行了房屋的搬迁腾退，原遗嘱继承人不能根据遗嘱继承腾退搬迁利益。此时房屋被腾退搬迁是由于被继承人与负责腾退搬迁的部门达成了协议，同意以获得补偿的形式将房屋拆除，故视为被继承人以行为做出与遗嘱相反的意思表示，导致遗嘱被撤销，不能发生法律效力，由此获得的腾退搬迁利益按照法定继承分割。那么在实

① 该条对应《民法典》第一千一百三十四条、第一千一百三十五条、第一千一百三十九条。

践过程中，父母在立遗嘱将其所有的房屋留给某个子女时，也许并不知道日后房屋会进行腾退搬迁改造，父母签订腾退搬迁协议时也不知道其所立的处理房屋的遗嘱不能处理房屋被拆除后的腾退搬迁利益，如何能够在立遗嘱的时候避免上述情况的发生，可选择两种方式：一是遗嘱人立遗嘱处理其所有的房屋时可直接写明该房屋及以后房屋腾退搬迁享有的利益均由某某继承；二是在腾退搬迁后，针对腾退搬迁利益重立一份遗嘱，写明相应腾退搬迁利益由某某继承。

3. 夫或妻一方立遗嘱处分夫妻共同财产时，其遗嘱中处分的属于配偶所有财产的这一部分无效。房屋系夫妻二人的共同财产，一方去世后未留有遗嘱，另一方生前留有遗嘱处分了房屋，所有被继承人去世后房屋仍然存在，但由于房屋系被继承人的夫妻共同财产，夫或妻的一方只能处理房屋中属于自己的份额，但正如上述案例所示，王大爷以为王大娘去世后房屋应当全部归自己所有，处分了全部的房屋。根据《最高人民法院关于贯彻执行〈中华人民共和国继承法〉若干问题的意见》[①]第38条的规定，遗嘱人以遗嘱处分了属于国家、集体或他人所有的财产，遗嘱的这部分，应认定无效。王大爷遗嘱处分的房屋中，包含了王大娘的房屋份额，故遗嘱中王大爷对属于王大娘这部分房屋份额的处理是无效的，其对属于自己的房屋份额的处理，是有效的，故王大爷所立遗嘱应当为部分无效。

4. 被继承人与所有继承人签订了分家协议，再另行立遗嘱的，该遗嘱无效。举个例子，老两口生有五个子女，某天老两口与五个子女签订了协议，写明老两口村中院内所有的房屋归大儿子所有，由大儿子负责老两口的生养死葬，老两口及其五个子女均在该协议上签字。协议签订后，老两口又立了一份遗嘱，声明院内所有房屋由小儿子继承。此时该遗嘱应为无效遗嘱，因为老两口已经通过分家协议将房屋的所有权转移给了大儿子，其他所有的子女也均表示同意，那么该协议即为有效协议，可以约束老两口及其五个子女。此时老两口已经不享有房屋的所有权，故其后所立遗嘱应属于无权处分，其

① 该意见已于2021年1月1日废止。

处分了他人财产，该遗嘱无效。

（二）在遗嘱处分房屋后、被继承人死亡前进行房屋的腾退搬迁，其他继承人是否能够要求继承腾退搬迁利益？

这种情况正是上述案例中所探讨的问题，正如上述案例中，老两口所建造的房屋应当归属于老两口所有，妻子去世后未留有遗嘱，丈夫留有遗嘱将房屋留给儿子继承，后该房屋进行了腾退搬迁，在房屋腾退搬迁后丈夫死亡。在遗嘱处分的房屋进行腾退搬迁后，房屋已经不存在，《中华人民共和国继承法》第三条规定[①]，遗产是公民死亡时遗留的个人合法财产，当公民死亡时遗产已经灭失的情况下，该遗嘱没有发生法律上的效力。房屋虽然没有了，但是房屋腾退搬迁转化而来的腾退搬迁利益，主要包括属于老两口的房屋及宅基地被腾退改造所取得的补偿，仍然是属于老两口的遗产范围，应当由老两口的法定继承人，即其子女继承。王大爷作为腾退搬迁协议中的被安置人，协议中针对被安置人的补偿中属于王大爷的一份也应当属于王大爷的个人遗产，由其法定继承人继承。对于被继承人没留遗嘱或者遗嘱不发生法律效力的，按照法定继承处理，一般原则为各继承人均分遗产，但会考虑到对被继承人尽主要扶养义务及与被继承人共同生活的继承人，对其多分配遗产。如上述案例中所述，王刚对老人的照顾较多，与老人一同居住并出钱为老人处理后事，故认定王刚尽了较多赡养义务，王刚可继承老人更多遗产。

（三）遗嘱将房屋留给一人或数人继承，被继承人死亡后进行的房屋搬迁腾退，腾退搬迁利益如何在继承人中分配？

举个例子，老两口有两个儿子，为了防止老人去世后两个儿子因为房屋问题发生争议，故两位老人生前立下遗嘱，将其在村内居住的院内五间房屋，其中三间分给大儿子，两间分给小儿子。后老两口去世，村里开始腾退搬迁改造，此时遗嘱所处理的房屋已经进行了拆除，房屋和宅基地转化为腾退搬迁利益，

① 该条对应《民法典》第一千一百二十二条。

对于该利益，如何在两个儿子之间分割？房屋搬迁改造的补偿为房屋重置成新价等费用可以按照各自分得的房屋数量进行分割，而针对宅基地的补偿为区位补偿价款，乃至由宅基地面积置换而来的购买安置房屋面积，应当如何进行分配，是按照所占房屋的比例进行分配，还是按照平均原则进行分配？

就北京地区实践情况而言，通过继承房屋而取得的宅基地使用权所对应的腾退搬迁补偿利益，建房部分宅基地应当按照继承人所占房屋比例来进行分配，而未建房的院内部分所对应宅基地若被继承人未立遗嘱处理，由各继承人平均分配。

（四）城镇居民等非集体经济组织成员能否继承农村房屋？

原国家土地管理局出台的《确定土地所有权和使用权的若干规定》第四十九条规定：接受转让、购买房屋取得的宅基地，与原有宅基地合计面积超过当地政府规定标准，按照有关规定处理后允许继续使用的，可暂确定其集体土地建设用地使用权。继承房屋取得的宅基地，可确定集体土地建设用地使用权。《国土资源部、中央农村工作领导小组办公室、财政部、农业部关于农村集体土地确权登记发证的若干意见》第六条规定：已拥有一处宅基地的本农民集体成员、非本农民集体成员的农村或城镇居民，因继承房屋占用农村宅基地的，可按规定登记发证，在《集体土地使用证》记事栏应注记“该权利人为本农民集体原成员住宅的合法继承人”。根据上述规定，在实务中，对于该问题已经有了一个大致倾向，继承人一般情况下为被继承人的直系亲属，即无论继承人是否与被继承人为同一集体经济组织成员，或者继承人是否为城镇居民，原则上均可以继承被继承人在农村的房屋。

但此时要考虑到一个特殊情况，就是农村房屋应当优先保障本集体经济组织成员居住生活，若此时农村房屋有多个继承人，其中部分继承人在该房屋内居住生活且未分配新的宅基地，另一部分继承人已经分家另过并在本村集体经济组织或其他村集体经济组织中另批有宅基地，根据一户一宅原则，则该农村房屋应当优先考虑由本集体经济组织成员子女居住使用，由取得房屋的子女给予其他非本集体经济组织成员子女一定的其他方式补偿。

（五）非本集体经济组织成员能否通过遗赠的方式获得农村房屋？

由于非本集体经济组织成员购买农村房屋是禁止的，此种购买农村房屋的合同亦是无效的。实践中存在通过遗赠的方式将农村房屋赠与非本集体经济组织成员的情况，会导致宅基地上的房屋流转于本集体经济组织以外。我们认为这与非集体经济组织成员继承农村房屋不同，继承仅仅是在有亲缘关系的人之间进行宅基地上房屋流转的特殊形式，并不意味着在没有亲缘关系的人之间可以通过遗赠形式来合法取得宅基地，若通过遗赠方式将农村房屋赠与非本集体经济组织成员，会导致本集体经济组织房地资源的流失，也可能造成以赠与名义行买卖之实，故通过遗赠方式将宅基地赠与非本集体经济组织成员的行为无效。

普法提示

农村房屋是农村集体经济组织成员最重要的财产，在未来可能进行的农村搬迁改造腾退中能够带来的巨大利益，导致农村房屋在家庭中的分割及处理变得十分重要，甚至成为各类涉农村房屋的离婚、分家析产、继承案件中当事人的争议焦点。本文中在探讨经过遗嘱处理农村房屋后，对于各家庭成员所能获得的腾退搬迁利益所带来的影响，这其中又分为两种情况：其一，若被继承人立下遗嘱处理房屋后，在其生前进行了腾退搬迁，由于遗嘱处理的房屋灭失，故遗嘱视为被撤销，不发生法律效力。对于腾退搬迁利益中属于被继承人的利益，按照法定继承进行处理。其二，若被继承人立下遗嘱处理其所有的房屋后，在其死后进行了腾退搬迁，则根据其所立遗嘱的意思表示来处理遗嘱中处分房屋对应的腾退搬迁利益。对于所有继承人而言，无论继承人是否为本村集体经济组织成员，均可以通过遗嘱继承或法定继承的形式继承该村房屋。非本集体经济组织成员不能通过遗赠方式获得农村房屋。

被继承人立遗嘱处理农村房屋时，在以下几种情形下被继承人所立之遗嘱无效、部分无效或者不发生法律效力：其一，当遗嘱处分的财产灭失时候，遗嘱视为被撤销，不发生法律效力；其二，当遗嘱处分他人财产时，遗嘱中处分他人财产的部分无效；其三，当已有所有家庭成员认可的分家协议对院内房屋进行处置后，被继承人再立遗嘱更改处置结果的，属于无权处分，遗嘱无效；其四，遗嘱不符合法律规定的遗嘱形式要件。

希望通过以上讲解，能够减少家庭成员关于腾退搬迁利益的纠纷，有效化解家庭矛盾，维护各家庭成员的合法权益，促进社会和谐稳定发展。

第五章

婚姻案件中搬迁利益的分割与认定

案例一

一方婚前取得的宅基地遇搬迁时配偶能否享有权利？

——解析婚前取得宅基地所涉搬迁利益的分配原则

吴昆[①]

案情回顾

（一）农村夫妻离婚引诉讼

姜大宝是后马村的一名村民，2007 年姜大宝与前王村王晓燕经人介绍相识，于 2009 年 12 月 24 日登记结婚，双方均系初婚。2011 年 10 月 22 日，双方举办结婚典礼，之后开始在一起共同生活，婚后并未生育子女。

2015 年，姜大宝一纸诉状将妻子告上法庭，称双方在婚后感情一般，在日常生活中并未建立起真正的夫妻感情，王晓燕对其不尽心，对家庭生活也是漠不关心，双方经常因为家庭琐事争吵，加之双方并未生育子女，没有感情的纽带，所以双方之间感情已经破裂，请求法院判决双方离婚。王晓燕对于姜大宝起诉离婚的请求表示同意，但要求分割夫妻共同财产。关于夫妻共同生活期间所购置的电视机、冰箱、洗衣机、沙发等家电家具，王晓燕与姜大宝达成了一致意见，双方平均分割。

（二）婚前宅基地搬迁利益如何分配？

两人之间对于财产分割的争议焦点在于，姜大宝名下的宅基地搬迁后所获得的搬迁利益是否属于夫妻共同财产。经法院查明，后马村主街 5 号院（以下简称 5 号院）及院内房屋系姜大宝婚前取得，在举办结婚典礼后，双方在 5 号院内共同居住生活，在夫妻婚姻关系存续期间，姜大宝与王晓燕均未在

---

① 北京市海淀区人民法院四季青人民法庭法官助理。

该院内翻建、改建或新建房屋。

2011年11月26日，因5号院涉及宅基地腾退改造，姜大宝、王晓燕从后马村5号院搬至王晓燕父母家中居住。2011年12月5日，姜大宝作为被腾退人（乙方）就5号院与后马村村民委员会（甲方）签订了《宅基地腾退安置补偿协议书》，该协议书载明：有效宅基地面积为179.28平方米，有效房屋建筑面积为121.32平方米，空院面积为57.96平方米；应安置对象2人，分别为姜大宝、王晓燕；乙方按有效宅基地面积可置换安置房建筑面积为179.28平方米，乙方置换后马村定向安置房项目的定向安置房两套，总建筑面积小于可置换安置房建筑面积的部分为12.49平方米，甲方按标准向乙方支付货币补偿款；各项补助及奖励款合计719900.8元（包括两次搬家补助费、有线电视撤装费、提前搬家奖励费、工程配合奖励费、特殊奖励费、提前腾地奖、装修补助费等）；甲方应支付乙方各项补偿、补助、奖励及周转补助费总计1017158.8元。上述协议签订后，5号院被拆除，姜大宝领取了相应补偿、补助及奖励款。安置房交付后，姜大宝与王晓燕于2014年1月搬回安置房居住，后双方又于2014年9月开始分居。

根据《后马村宅基地腾退安置及补偿工作实施细则》的相关规定，被腾退人是指后马村宅基地的合法使用权人；宅基地腾退安置补偿以宅院为单位，采取宅基地置换定向安置房和货币补偿相结合的方式进行。对于认定的合法有效宅基地面积，按照宅基地面积等比例置换定向安置房建筑面积；置换后有宅基地面积剩余的，剩余部分按照11000元/平方米的标准给予货币补偿。对于根据上述搬迁政策所取得的与宅基地密切相关的安置房及货币补偿，是否为夫妻共同财产，另一方能否主张分割呢？

（三）迁户能否获得配偶婚前宅基地的搬迁利益？

王晓燕称双方2009年登记结婚后，其户口就迁入姜大宝的户口所在地，即被搬迁的5号院。王晓燕迁入姜大宝的户口所在地后，丧失了对原家庭宅基地的使用权，且因户口迁入成为姜大宝的家庭成员，由此获得了姜大宝宅基地的使用权。根据搬迁协议，王晓燕是搬迁安置对象之一，安置房是夫妻共同财产，应予分割。根据搬迁安置补偿协议的规定，搬迁房屋取得的搬迁补助款及奖励共计 719900.8 元，该款项是否属于夫妻共同财产呢？

对于姜大宝婚前所取得的 5 号院的宅基地权利，能否算作夫妻双方婚姻关系存续期间的共同财产，二人各执一词。那么，根据法律及相关政策规定，在司法实践中该问题应如何解决呢？

法理分析

（一）婚姻关系存续期间的个人财产

《中华人民共和国婚姻法》第十八条[①]规定，有下列情形之一的，为夫妻一方的财产：（1）一方的婚前财产；（2）一方因身体受到伤害获得的医疗费、残疾人生活补助费等费用；（3）遗嘱或赠与合同中确定只归夫或妻一方的财产；（4）一方专用的生活用品；（5）其他应当归一方的财产。由上述法条规定可以看出，夫妻一方在婚姻登记之前已经取得的财产为婚前财产，婚前财产属于一方在婚姻关系存续期间的个人财产。

根据《最高人民法院关于适用〈中华人民共和国婚姻法〉若干问题的解释（一）》第十九条[②]的规定，夫妻一方个人所有的财产不因婚姻关系延续而转化为夫妻共同财产。该规定明确了夫妻一方个人的财产，不会由于缔结婚姻关系而发生性质变化。《中华人民共和国物权法》第一百五十二条[③]规定，宅基地使用权人依法对集体所有的土地享有占有和使用的权利，有权依法利用该土地建造住宅及其附属设施。宅基地使用权是指公民个人在集体所有的宅基地上所享有的建造房屋以使用居住的一种用益物权，其承载的价值属于一种财产利益。因此，宅基地使用权也应当适用婚姻法对于夫妻之间财产的

---

① 该条对应《民法典》第一千零六十三条。

② 该条对应《最高人民法院关于适用〈中华人民共和国民法典〉婚姻家庭编的解释（一）》第三十一条。

③ 该条对应《民法典》第三百六十二条。

规定，即当事人一方婚前以自己名义申请的宅基地，其使用权仍属于其个人，配偶并不仅因结婚而当然获得上述宅基地的使用权。

本案中，姜大宝在与王晓燕结婚之前已经对后马村 5 号院拥有了宅基地使用权，并且为 5 号院的宅基地登记使用权人。此外，根据《中华人民共和国物权法》第三十条[①]规定，因合法建造、拆除房屋等事实行为设立或者消灭物权的，自事实行为成就时发生效力。姜大宝在结婚之前已经在其拥有的 5 号院宅基地上经审批建造了房屋，因此对于 5 号院宅基地上的房屋，姜大宝拥有所有权。综上，对于姜大宝取得的宅基地使用权及地上房屋所有权，均系其在婚前所得，属于姜大宝一方的个人财产，如无其他情况，该个人财产不随着婚姻关系的延续而转换为夫妻共同财产。

（二）迁户后能否对配偶婚前所有的宅基地享有权利？

由于宅基地使用权只能由本村集体组织成员享有，因此，在农村夫妻结婚后发生迁户的情况非常常见。在男女双方均为村民的情况下，大部分为女方结婚后将自己的户口从原有的宅基地上迁出，迁入至男方所在的村集体组织，成为该村的村集体组织成员。当然也存在男方入赘至女方家中，将户口迁入女方所在的宅基地上。户口的迁移能否导致夫妻一方因此得到另一方的宅基地使用权及房屋所有权，需要考虑该迁入的一方对于宅基地上房屋有无贡献。夫妻共同财产的特征就是夫妻双方对于该财产的取得均作出了贡献，是二人一起出资出力的结果，宅基地使用权及房屋所有权亦是如此。因此，配偶一方迁入另一方宅基地并不能当然地以其户口在该地而享有宅基地使用权及房屋所有权，需要根据是否有贡献分情况讨论。

假设，夫妻一方中的女方因结婚而迁入男方的宅基地上并成为男方村集体组织的成员，男方在其宅基地上已经建造了房屋，但是在婚姻关系存续期间，二人同甘共苦攒下了一笔积蓄，想对二人共同居住的老房子进行翻建和扩建，以改善家庭生活质量。于是，二人拿出家庭积蓄，共同出资出力，使

---

① 该条对应《民法典》第二百三十一条。

宅基地上的房屋焕然一新。此时，女方因为参与了在男方宅基地上翻建、扩建房屋，对于新房的建设作出了自己的贡献，在房屋合法建设的事实行为完成时，该夫妻二人便成为房屋的共同所有权人。因为我国宅基地“房地一体”“地随房走”的政策，该新迁入的女方也成了新的宅基地使用权人，对男方婚前所有的宅基地享有相应权利，女方可以据此主张分割宅基地及其上的房屋，这也体现了夫妻之间可能会基于特殊的身份关系而获得某种利益。

而本案中姜大宝和王晓燕的情况属于第二种。姜大宝在婚前即拥有5号院的宅基地使用权，并在宅基地上合法建造了房屋，享有房屋所有权。2011年10月双方举行完婚礼后，王晓燕将自己的户口迁入姜大宝所在的后马村5号院。2011年11月，后马村5号院面临搬迁，二人便从此地搬出。可以看出，王晓燕在姜大宝所在的5号院居住的时间仅有一个月左右，在居住期间也并没有对房屋进行翻建、扩建等行为，仅仅是将户口落在5号院中。综上来看，在婚姻关系存续期间，王晓燕对于房屋的建设并未作出贡献，该宅基地及房屋的取得仅由姜大宝个人所致。因此对于后马村5号院的宅基地使用权及房屋所有权，王晓燕无法享有相关的宅基地及房屋权益。

法院经审理认定，因5号院系姜大宝婚前取得，王晓燕与姜大宝婚后在该院居住时间较短，王晓燕未对宅基地及房屋取得作出贡献，因此该院被腾退房屋中并无王晓燕的房产份额。

（三）婚前宅基地搬迁利益是否为夫妻共同财产？

随着我国城镇化进程的不断加速，农村宅基地搬迁安置越来越多，尤其在城郊的宅基地，一旦搬迁往往代表着巨大的经济利益。在离婚案件中，如果遇到宅基地搬迁，对于相应的搬迁利益如何进行分配往往会成为争议的焦点。搬迁利益是被搬迁的宅基地及地上房屋利益的一种转化形式，由于搬迁政策的不同，农村宅基地房屋被搬迁后所获得的搬迁利益也不尽相同。一般而言，搬迁利益一般会包含宅基地定向置换安置房、货币补偿款、搬家补助费、周转补助费等。

1. 对于宅基地定向安置房、货币补偿款等与宅基地直接相关的搬迁利益

在搬迁利益中，定向安置房及货币补偿款的利益无疑是最大的。而这两项利益的多少与宅基地面积及地上房屋密切相关。搬迁利益作为宅基地上房屋利益的一种转化，其获益方应该是在搬迁前享有宅基地使用权及地上房屋所有权的一方。如上所述，对于配偶一方在婚前所有的宅基地，另一方迁户至此后是否享有相关宅基地权益需要考虑另一方对于该宅基地上房屋是否作出贡献，在分配搬迁利益时，也需要以此原则为标准。

若在婚姻关系存续期间，对于配偶一方的婚前宅基地，双方共同对房屋进行翻建、改建或扩建，那该房屋属于夫妻共同财产，夫妻双方对于宅基地使用权及房屋所有权均享有权利，在搬迁后所得的搬迁利益在离婚时应作为夫妻财产平均分割。

若在婚姻关系存续期间，配偶一方对于另一方婚前在宅基地上建造的房屋没有进行翻建、改建或扩建，对于房屋没有作出贡献，那么该宅基地使用权及房屋所有权还属于一方婚前个人财产。在房屋搬迁时所获得的与宅基地及房屋密切相关的宅基地定向置换安置房及货币补偿等搬迁利益，属于一方的婚前个人财产，另一方无权要求分割。

本案中，法院已确认王晓燕未对宅基地及房屋取得作出贡献，腾退房屋中没有王晓燕的房产份额，且根据后马村的搬迁政策，被腾退人是指后马村宅基地的合法使用权人；宅基地腾退安置补偿以宅院为单位，采取宅基地置换定向安置房和货币补偿相结合的方式进行。因此，对于该安置房屋及相应的装修补助费，以及置换的定向安置房总建筑面积小于可置换安置房建筑面积部分的补偿款，王晓燕无权要求分割。

2. 对于搬家补助费、周转补助费等与被安置人口直接相关的搬迁利益

对于周转补助费、搬家补助费、提前搬家奖励等搬迁利益，该种利益的取得与宅基地使用权及房屋所有人没有直接联系，是根据在此房屋中居住的人确定被安置人口，并根据人口数量确定上述金额。在宅基地搬迁中，夫妻一方对于另一方婚前所有的宅基地使用权和房屋所有权不享有权利，但因为该夫妻一方为房屋中的同住人，所以会被搬迁方列为被安置人口，对于以按照人口数量多少来确定的搬迁利益具有贡献。因此，对于该类型的搬迁利益，一般会被视为夫妻共同财产，在离婚诉讼时予以平均分割。

在本案中，根据《后马村宅基地腾退安置及补偿工作实施细则》的规定，其中姜大宝与王晓燕的两次搬家补助费、提前搬家奖励费、工程配合奖励费、提前腾地奖、周转补助费均属于对应安置人口及实际居住人口的补偿，故在判决中明确上述搬迁奖励、补助中理应含有王晓燕的相应份额，应当作为夫妻共同财产进行分割。

知识拓展

（一）夫妻共有财产的类型

在上述案例中，我们可以看到，对于配偶一方在婚前取得的宅基地使用权及房屋所有权，若另一方未对房屋作出贡献，在搬迁时所得的搬迁利益仅能作为一方的个人财产。那么，在婚姻关系存续期间，哪些财产或权益应当属于夫妻共同财产？《中华人民共和国婚姻法》第十七条[①]规定，夫妻在婚姻关系存续期间所得的下列财产，归夫妻共同所有：（1）工资、奖金；（2）生产、经营的收益；（3）知识产权的收益；（4）继承或赠与所得的财产，但本法第十八条第三项规定的除外；（5）其他应当归共同所有的财产。夫妻对共同所有的财产，有平等的处理权。《最高人民法院关于适用〈中华人民共和国婚姻法〉若干问题的解释（二）》第十一条[②]规定，婚姻关系存续期间，下列财产属于《婚姻法》第十七条规定的“其他应当归共同所有的财产”：（1）一方以个人财产投资取得的收益；（2）男女双方实际取得或者应当取得的住房补贴、住房公积金；（3）男女双方实际取得或者应当取得的养老保险金、破产安置补偿费。

从上述法律规定可以看出，由于夫妻关系具有较强的身份特性，在婚姻

① 该条对应《民法典》第一千零六十二条。

② 该条对应《最高人民法院关于适用〈中华人民共和国民法典〉婚姻家庭编的解释（一）》第二十五条。

关系存续期间，双方所创造的收益大部分都属于夫妻共同财产，在离婚诉讼时可以平均分割。在本案中，姜大宝与王晓燕在婚姻关系存续期间购买的家具家电、双方的银行账户余额、公积金余额等均作为夫妻共同财产予以分割。

（二）配偶一方迁户至另一方宅基地，能否享有原有宅基地的搬迁利益？

在农村中，因为结婚而迁户非常常见，如果夫妻双方在不同的村集体组织中，双方在婚前均享有自己的宅基地使用权。在结婚后，配偶一方将自己的户口迁入另一方所在的宅基地上，是否视为对原有宅基地使用权的放弃？

农村宅基地使用权的主体是村集体组织成员，即只有本集体组织成员才能享有宅基地使用权。在配偶一方将自己的户口迁入另一方的村集体时，其已经不属于原村集体组织。因此，迁出人之前享有的宅基地使用权因为丧失集体组织成员资格而不再享有。本案中，王晓燕将自己的户口迁入姜大宝所在的后马村之后，就不再享有在前王村的宅基地使用权。如果前王村发生搬迁腾退，对于其原有宅基地的搬迁利益，一般而言，王晓燕并无权利主张。

（三）《民法典》实施后的新旧法衔接

关于夫妻一方个人财产，《民法典》第一千零六十三条在承继《婚姻法》第十八条的基础上，对部分规定进行了变更，如将《婚姻法》第十八条第二项“一方因身体受到伤害获得的医疗费、残疾人生活补助费等费用”变更为“一方因受到人身损害获得的赔偿或者补偿”，第三项中删去了“夫或妻”，其余条款未做变更。

关于夫妻共同财产，《民法典》第一千零六十二条在承继《婚姻法》第十七条的基础上，就夫妻共同财产的内容增加了“劳务报酬及投资的收益”，将“赠与所得的财产”变更表述为“受赠的财产”，其余条款未做变更。对于“其他应当归共同所有的财产”，《最高人民法院关于适用〈中华人民共和国民法典〉婚姻家庭编的解释（一）》第二十五条与《最高人民法院关于适用〈中华人民共和国婚姻法〉若干问题的解释（二）》第十一条规定一致，并未变更。

普法提示

相濡以沫、举案齐眉是古人形容夫妻恩爱的词语，代表了人们对于婚姻生活的期许，但是现实生活并不尽如人意。当前，离婚案件的数量不断增长，农村的离婚率也越来越高。对于身处农村的夫妻而言，在离婚中除了普通财物的分割以外，还有一项重要的财产利益，那就是宅基地。如果遇上搬迁，宅基地代表的经济利益十分可观，这也让很多夫妻“争破了头”。通过对本案例的分析，相信大家对相关问题有了大致的了解，下面再就重点问题为大家做几点提示：

（一）夫妻财产很重要，相关法律要知晓

随着社会经济的发展，人民受教育水平大幅提高，权益保障意识也越来越强。在法治社会中，知法懂法非常重要，但是目前仍有很多人对于法律规定不清楚，导致自身的合法权益受到侵害。在婚姻关系中，最常见的纠纷莫过于夫妻间的财产认定与分配的问题，而这些问题在《中华人民共和国民法典》及相关司法解释中均有明确规定。只有熟悉相关法律，才能最大限度地保障自身的合法权益，亦能够在发生纠纷时有的放矢。

（二）要分婚前宅基地，需要迁户和贡献

对于一方婚前所取得的宅基地，婚姻存续期间搬迁，另一方配偶想在离婚诉讼或其他情形下，请求将搬迁利益作为夫妻共同财产进行分割，一般需要满足迁户及对房屋作出贡献两项要求。宅基地使用权仅在本集体组织成员内部享有，如果夫妻双方同村则不必迁户，如果双方不同村则需要一方将户口迁至另一方集体组织中。获取宅基地相关的搬迁利益，除成为该宅基地所在集体组织成员外，还需要对宅基地上房屋作出贡献，即在婚姻关系存续期间对房屋进行改建、扩建、翻建等行为。一般而言，可以在离婚诉讼时对

于另一方婚前的宅基地经搬迁后获得的搬迁利益主张按照夫妻共同财产进行分割。

（三）宅基地很宝贵，放弃它需谨慎

宅基地使用权是村集体组织分配给集体组织成员，用于在宅基地上建造房屋并居住使用的权利。根据《中华人民共和国土地管理法》第六十二条之规定，农村村民一户只能拥有一处宅基地，其面积不得超过省、自治区、直辖市规定的标准。宅基地使用权的主体只能是本村集体组织的成员。而且，农村村民出卖、出租宅基地上住房后，再申请宅基地的不予批准。因此，作为宅基地使用权人，在迁户或者出卖宅基地上房屋时，要慎重考虑。

（四）搬迁利益大，家庭价更高

房屋搬迁蕴藏着巨大的经济利益，在农村更是如此。一般而言，农村宅基地搬迁涉及的面积越大、人口越多，获得的经济利益也就越大。试想一下，如果是靠打工与务农为生的村民，突然获得这样一笔“巨款”，心理状态难免会发生变化。因此，由于搬迁事项导致的夫妻纠纷比比皆是。搬迁前，有的夫妻因为搬迁方案、安置房选择而发生纠纷；搬迁后，由于财产数额较大，有可能出现一方侵占夫妻共同财产、挥霍搬迁款等情形。

因此，对于夫妻名下的农村宅基地搬迁，为避免出现上述情况，要秉持一个良好心态。在搬迁过程中应与配偶共同协商，共同讨论。获得搬迁利益后也要保持家庭和睦，努力改善家庭生活水平。搬迁利益虽然诱人，但爱情与亲情才是永恒的，不要拿了搬迁款，丢了爱与家。

案例二

以“假结婚”方式获取搬迁利益真的万无一失吗？

——解析婚前财产协议对搬迁利益分配的影响

董玫①

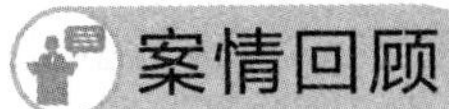

（一）搬迁在即，被腾退人火速结婚

高桥是高兴村的村民，体弱多病的高桥并没有成家，一直和母亲康淑芳居住在高兴村 1 号院里。2011 年冬天，寒风卷积着雪花飘洒在高兴村的破砖瓦墙上，雪松瞬间白了头，不禁令人想打冷战。可村子里却异常热闹，避雪的窝棚下随处可见交头接耳的村民。原来，高兴村要搬迁了。高桥和母亲康淑芳很快也得到了消息，这无疑是改善母子生活的一件大喜事。还有件令康淑芳意想不到的事情是，儿子高桥也要结婚了。这是怎么回事呢？原来，高桥有天回家跟母亲说，村里的搬迁政策公布了，如果自己结婚了，能够多获得一些搬迁款和房子，恰好自己现在也找到了一个愿意配合他办理结婚登记手续的人，名叫刘琳。

搬迁迫在眉睫，结婚刻不容缓，不容母亲反应，高桥便迅速与刘琳暗自达成了“友好协议”。2011 年 12 月 27 日，为了避免发生财产分割上的麻烦，高桥特意与刘琳签订了《婚前财产协议》，内容为：“本人刘琳与高桥签订自愿协议，婚后无论发生何种情况，以至于离婚，女方均无权主张分割财产，子女无权继承财产，高桥名下的所有财产归高桥个人所有，此协议属平等自愿协商签订，如有反悔，愿负法律责任。”2011 年 12 月 29 日，刘琳与高桥登记结婚。在与高桥登记结婚之前，刘琳就生有一个女儿，名叫龚小花，

① 北京市海淀区人民法院四季青人民法庭法官助理。

1997 年出生，在刘琳和高桥登记结婚的时候还是个未成年的孩子。

（二）搬迁利益确定，夫妻二人离婚

两天后，也就是 2011 年 12 月 31 日，高桥作为被腾退人，与高兴村村委会签订了《搬迁腾退补偿安置协议》，其中确定了所搬迁腾退的合法有效宅基地面积为 27 平方米；安置人口有 3 人，分别为高桥、刘琳及龚小花。被安置人可以购买 1 号房屋 2 居室、2 号房屋 2 居室共两套房屋。合法有效宅基地面积（1∶1）和安置人口（人均 50 平方米）置换楼房面积，若面积有不足或者剩余按相关办法处理。除上述腾退安置利益以外，本次搬迁工作还发放各项补偿、补助、奖励共计 1110235 元，涉及重点村建设奖、配合异地安置奖、没有加盖二层建筑奖、提前搬家奖、搬家补助费、装修补助费、周转费等费用。上述款项在补交完购房款之后还剩余 645074 元，由高桥领取。2012 年 3 月 9 日，高桥与刘琳签订了《离婚协议书》约定双方自愿离婚，婚后无共同财产及债务。

折腾了大半年的高桥最终并没有怎么享受到搬迁带给他的利益，领取的补偿款大部分也都用于看病了，无奈病重的他还是没能够等到入住新房的那天便于 2013 年 8 月 6 日去世了。当母亲还未从丧子之痛中走出来的时候，一纸传票使这个原本就不幸运的家庭再次卷入了新的麻烦之中。刘琳和龚小花将高桥唯一的法定继承人康淑芳告上了法庭，要求分割搬迁利益。

（三）前妻与母亲对簿公堂讨要搬迁利益

刘琳与龚小花认为，自己为搬迁安置补偿协议中的被腾退人，如果没有自己的参与，高桥根本无法取得这么多的搬迁利益，只能获得最多 50 平方米的安置房屋。虽然刘琳与高桥签订了《婚前财产协议》，但是约定的只是对婚姻关系存续期间的财产的分配，而搬迁腾退协议中，村委会基于刘琳的存在而分配下来的 50 平方米的安置房屋不是婚姻关系存续期间双方共同的财产，应当属于刘琳个人所有。按此道理，龚小花亦应得到属于其的 50 平方米的安置房屋。

对此，高桥之母康淑芳则认为，高桥一直身体不好。在有搬迁消息的时候，是高桥说村中有人可以和他结婚从而多获得安置房屋面积，该人就是刘琳。而且为了防止日后发生纠纷双方还签订了婚前财产协议，都说好了所有搬迁利益都是高桥一个人的。而且高桥在搬迁之后给了刘琳10万元作为答谢。所以刘琳和龚小花并不能获得搬迁利益。

康淑芳和刘琳母女各执一词，互不相让。综观本案，争议焦点有二，一是在刘琳与高桥签订了《婚前财产协议》后，是否可以获得婚内取得的搬迁利益？二是龚小花作为高桥法律上的继子女，是否有权利获得搬迁利益？

法理分析

在农村搬迁腾退过程中，搬迁利益的分配往往以当地的搬迁腾退办法为依据，部分搬迁利益的分配可能以户上安置人口数量为计算依据，这使得不少人为了能够多获取搬迁利益而动了“歪心思”，企图通过“假结婚”的方式取得更多搬迁利益。然而我们首先需要明确的一个问题是，在法律上并无“假结婚”这一概念，男女双方只要符合法定结婚条件，并且履行了婚姻登记手续，即成为合法夫妻。本文所提及的“假离婚”概念，意指事实上，男女双方虽然成了法律意义上的夫妻，但是主观目的上是为了获取某些利益，而缺乏结婚、共同生活的想法。在实践中，众多通过“假结婚”方式试图获得更多搬迁利益的当事人，很可能未能达到自己的预期，反而惹上了很多麻烦。下面让我们来分析一下上述案例。

（一）高桥和刘琳签订的婚前财产协议、离婚协议对分配搬迁利益有何影响？

婚前财产协议、离婚协议往往是当事人对于自己婚前或婚姻关系存续期间个人及双方的财产的一种分配约定，本质上为合同。婚前财产协议、离婚协议在签订时，如果能够反映当事人的真实意思表示，且在不违反法律法规的情况下，对夫妻双方就有约束力，双方应当遵照履行。在搬迁前，夫妻双方在婚前财产协议中明确约定对未来可能产生的搬迁利益的分配方式的，属于有效的协议，离婚协议的效力亦然。

在本案中，对于与高桥结婚的刘琳来讲，根据其与高桥签订的《婚前财产协议》，已经明确约定了女方无权主张分割财产，高桥的财产归其个人所有。刘琳未提供相反证据证明该协议系在高桥对其欺诈、胁迫等情况下签订，且该协议内容并未违反法律法规等强制性规定，故该《婚前财产协议》真实有效。从协议内容来看，双方已明确对婚内可能出现的全部财产作出了分配。在无证据推翻该协议的情况下，后本案所涉及婚内产生的搬迁利益，无论刘琳对该搬迁利益是否有基于身份关系的贡献，其分配方式亦应当遵照《婚前财产协议》的约定。更何况刘琳与高桥在离婚时，双方又签订了无共同财产的《离婚协议书》，明确了双方婚内无共同财产，故再一次明确排除了刘琳对婚内搬迁利益的分配权利。

（二）高桥和龚小花是什么关系？对搬迁利益分配有何影响？

在搬迁利益中，的确有一些补偿项目与身份关系紧密相关，故身份关系的确定对搬迁利益分配也存在一定的影响。根据《中华人民共和国婚姻法》（以下简称《婚姻法》）第二十七条第二款规定[①]，继父或继母和受其抚养教育的继子女间的权利和义务适用该法对父母子女关系的有关规定。我们一般认为，继父母与继子女只有在一起共同生活且形成了抚养教育关系，才产生继父女、继母女关系，才有相应的权利及义务。

本案中，刘琳与高桥结婚之后，刘琳婚前所生之女龚小花便加入了高桥所在的家庭关系中，虽然龚小花当时未成年，但未有证据表明其与高桥共同居住，形成了抚养教育关系，龚小花的户口也没有迁入高桥所在户内。故在高桥去世后，从遗产继承的角度来讲，龚小花无权继承高桥的任何遗产，包括其个人所得全部搬迁利益。

但是值得注意的是，根据高兴村的搬迁政策及高桥所签订的《搬迁腾退

---

① 该条对应《中华人民共和国民法典》（以下简称《民法典》）第一千零七十二条。

补偿安置协议》内容来看，政策规定在确定搬迁补偿时的计算依据为合法有效宅基地面积以及安置人口，从而确定被腾退搬迁人可以换得的安置楼房面积，故可以认为龚小花的存在对获得搬迁安置房屋面积有一定的影响因素。从这个角度来讲，龚小花对于安置楼房还是享有一定权益的，农村搬迁补偿中按所涉人口数取得的优惠购房权系基于特定身份获得的优惠安置利益，是一种具有优惠属性的权益而非经由该权益转化的具体实物，通俗来讲就是一种利益权益而不是所获得的特定房屋。所以对于龚小花要求分得特定安置房屋 50 平方米的诉讼请求，一审法院虽然未能支持，但二审法院提出龚小花可以对其所享有安置楼房的相关权益另案起诉分割。

（三）其他因素对搬迁的影响

在众多案件中，对于搬迁利益的分配有影响的一大因素还有当事人是否对房屋建设具有贡献。通常来讲，这种对房屋建设的贡献可能体现在众多方面，在法院审理过程中主要审查的项目包括主张分割搬迁利益的当事人是否对所涉搬迁房屋的建设出资出力，是否在院内居住等问题。值得注意的是，在考虑是否对所涉搬迁房屋的建设出资出力时，法院通常会审查当事人是否有提供相关证据，如出资方面的证明，包括购买物品、雇用劳动力的清单或票据，证人证言，户口情况，建房批示等。在当事人无法提交上述证据时，法院会结合当事人的年龄、收入情况等综合进行判定。故在本案中，就龚小花是否有权利主张分割诉争搬迁利益，二审法院主要审查了龚小花是否参与了所涉搬迁院落的建设。但经过对当事人提交的证据的综合判断，发现龚小花并未将户口迁入所涉搬迁院落中，且其在搬迁前仍为未成年人，亦无法举证证明其出资或者出力对所涉搬迁房屋进行了建设。因涉搬迁院落的各项补偿、补助、奖励亦是针对院落内房屋及宅基地，未有针对人口项目，最终判定龚小花无权分割所涉搬迁院落搬迁所得到的各项补偿、补助、奖励等款项。

知识拓展

搬迁腾退所涉及的问题五花八门，针对上述案例，可以总结出存在以下值得注意的知识点，下面进行逐一解读。

（一）搬迁腾退时可能涉及哪些搬迁利益?

农村搬迁腾退补偿，通常指的是搬迁人对宅基地上建筑物拆除之后，对被腾退搬迁人进行相关的房屋安置及货币补偿。由于在农村搬迁腾退时，具体按照怎样的标准进行补偿，往往是涉搬迁宅基地所在村民自治组织自行决定的问题，故各个地区搬迁政策不尽相同，一般是以房屋搬迁安置与货币补偿相结合的方式。房屋搬迁安置分为回迁房屋安置以及其他在建房屋安置，在签订搬迁腾退补偿协议时，对于安置房屋的面积及套数，通常会按照宅基地的面积进行核定置换。当然，搬迁腾退补偿协议签订时，会直接和被腾退人确定安置房屋的具体信息，但安置房屋总体面积很可能与宅基地核定面积不符，这个时候搬迁人可以和被腾退人就多出来的安置房屋面积如何购买进行协商，由被腾退人以优惠的价格购买安置房屋多出的面积。搬迁腾退时还涉及的另外一种补偿形式是货币补偿。货币补偿，顾名思义即为搬迁腾退人以支付金钱的方式对被腾退人进行一定的补偿。这部分涉及的项目就很多了，像本案中就包括重点村建设奖、配合异地安置奖、没有加盖二层建筑奖、提前搬家奖、搬家补助费、装修补助费、周转费等费用，具体项目根据不同的搬迁政策和搬迁主体也会略有差异。

（二）腾退搬迁的利益是如何确定的?

我们在了解了腾退搬迁具体分为哪两部分之后，另外一个重要的问题就是，这些搬迁利益是如何确定的。正如前文所述，不同的搬迁地方所涉及的腾退搬迁方案及规则是不同的，但对于腾退搬迁利益影响最大的三个因素分别是被腾退人、宅基地面积和地上房屋。被腾退人的数量、户口等情况会在开展腾退搬迁工作时被统计在册，进而确定搬迁安置利益。通常，被腾退人的数量与安置房屋面积有关，宅基地的面积与安置房屋面积和货币补偿的项目都有关系。地上物的情况亦会对货币补偿有所影响。

（三）结婚对获取搬迁利益是否有影响？

对于此问题，根据《中华人民共和国婚姻法》第十七条规定[①]，夫妻关系存续期间所产生的财产属于夫妻共同财产。然而搬迁安置是在时间上有持续性的，所以对于给被腾退人安置的房屋，这类财产是否属于婚前财产就存在一些争议。但其实这是一个村民自治性的问题，比如说，在腾退搬迁合同签订前双方已经结婚的，如果该搬迁所在的集体经济组织通过的腾退搬迁方案认可新添置人口可获得新增搬迁利益的，则可以认为多出来的部分搬迁利益为因结婚而得到的新增部分，这样的利益往往体现在按人均分配的安置房屋面积上，但不累及原宅基地及地上房屋所折算成的搬迁利益，如货币补偿。但是，由于被搬迁人与搬迁人所签订的搬迁安置协议也很有可能是以户作为搬迁单位的，其中并不具体反映同住人数，在产生财产争议时，法院会调取搬迁组保留的搬迁安置人口核定表，以核定的搬迁安置人数对夫妻共同所有的财产进行析产。还有一种情况是，腾退搬迁政策中规定配偶方就是有权利因配偶身份而获得一份搬迁利益的，则该搬迁利益在日后分割时应当单独计算（包括由该搬迁利益所产生的增值部分亦应当考虑进去）。所以，结婚对腾退搬迁补偿利益的影响往往与搬迁补偿政策密切相关，无论是结婚时间点的认定还是对政策的理解与执行，都是复杂且多样的。

（四）通过“假结婚”获取搬迁利益的风险有哪些？法院是如何处理的？

从前文我们可以得知，涉及搬迁的宅基地户中人口情况有时会对搬迁利益有重大影响。所以在近年来的审判实践中，我们不难发现有些当事人，为了能够在腾退搬迁过程中多获得利益，不惜采取“假结婚”或者“假离婚”

---

① 该条对应《民法典》第一千零六十二条。

的方式，甚至有些案件中出现公公与儿媳妇登记结婚、丈母娘与女婿登记结婚等怪象。但是从法律上来讲，并无“假结婚”或者“假离婚”的概念。

根据我国法律规定，结婚时，结婚登记的男女双方应当完全自愿。这就要求当事人在结婚时，一方面来讲应当对结婚行为有所认知，另一方面来讲登记结婚的男女双方应当对结婚一事有真实的意思表示。何为真实的意思表示？具体来讲，就是双方应当以共同生活等为目的而非以获取其他利益为目的，而且双方在登记时不存在被诱骗、欺诈等情况。

那么利用“假结婚”方式多获取搬迁利益存在什么样的风险？根据《中华人民共和国民法总则》第八条[①]规定，民事主体从事民事活动，不得违反法律，不得违背公序良俗。当事人利用“假结婚”骗取搬迁腾退利益，存在违反公序良俗情况的，有些法院会酌情判定搬迁利益的分配。对于属于恶意串通损害国家、集体、第三人利益的情况，有关行政部门也会根据具体情况进行处理。除此之外，以“假结婚”等方式企图获取不正当的搬迁利益时，当事人双方往往会签订关于财产分配的相关协议或者报酬协议。由于结婚、离婚属于涉及人身属性、身份关系变化的重要事件，不得以买卖等方式进行，故该协议无论是以婚前财产协议、离婚后财产分配协议方式进行约定，还是单纯以支付报酬或相应价款的方式进行约定，都有恶意串通、违背公序良俗的可能性，容易导致当事人对协议效力发生争议。

法院在判断是否存在“假结婚”问题时，往往会对结婚时间、双方是否以夫妻名义共同生活等进行审查。一个真实案例中，因登记的夫妻双方婚姻存续时间仅为10天，且在该期间男方与腾退搬迁人签订了搬迁补偿协议，在女方要求分割搬迁利益时，法院就以双方结婚系骗取集体财产、恶意侵犯集体利益，双方行为明显违背公序良俗、违反法律规定，驳回了女方要求分割男方搬迁利益的诉讼请求，并认为对于男方取得的非法利益，应当返还给集体为宜。

---

① 该条对应《民法典》第八条。

普法提示

随着农村土地改造活动日益频繁，腾退搬迁成为一个常见的现象。为了对宅基地所有人、房屋使用人进行安置，国家以及集体经济组织、搬迁公司会对被腾退搬迁人进行房屋及货币补偿，二者所涉及的利益较大，故涉及腾退搬迁方面的案件属于常见案件。

搬迁过程中采取“假结婚”“假离婚”等方式获得购买房屋的指标资格、搬迁款，其目的是规避国家的管控政策。不少“假结婚”的人，非但不能获得自己想要的利益，反而平添诉累。而不少“假离婚”的夫妻，假戏真做成了冤家。利用婚姻关系获取搬迁利益的方式，从根本上来讲是违背公序良俗的。对于涉搬迁方面层出不穷的怪象，国家也必将出台更多的政策管理。例如，随着搬迁规则的不断完善，很多地方对临时入户人口的调查更加严格，甚至会采取户口冻结等措施。

就本文涉及《民法典》与原单行法中法条变化部分提示如下：

《婚姻法》第十七条变更为《民法典》第一千零六十二条，《民法典》第一千零六十二条规定：“夫妻在婚姻关系存续期间所得的下列财产，为夫妻的共同财产，归夫妻共同所有：（一）工资、奖金、劳务报酬；（二）生产、经营、投资的收益；（三）知识产权的收益；（四）继承或者受赠的财产，但是本法第一千零六十三条第三项规定的除外；（五）其他应当归共同所有的财产。夫妻对共同财产，有平等的处理权。”增加了劳务报酬、投资收益两部分内容。

《婚姻法》第二十七条与《民法典》第一千零七十二条、《中华人民共和国民法总则》第八条与《民法典》第八条无实质性变化。

案例三

离婚分割财产时能否直接分割涉他人的搬迁利益？

——解析搬迁利益未分割时处理离婚财产的诉讼路径

李永瑞[①]　李欣[②]

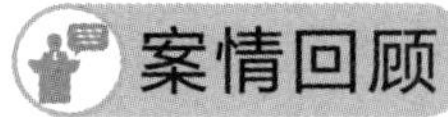

案情回顾

（一）宅基地搬迁，儿媳妇成为安置人口

赵金福与韩淑芬二人均生活在赵家屯村，两人恋爱多年终于修成正果，于1979年8月15日登记结婚，婚后育有一子一女，儿子赵大宝（1980年出生），女儿赵小丫（1983年出生）。老赵家现在所居住的赵家屯10号院（以下简称10号院）是赵金福在1999年从村里申请的宅基地，之后老两口便在院里建了北房四间，东西房各两间。2004年，女儿赵小丫嫁到了邻村。不久，赵大宝的婚事也提上了日程。2005年赵金福老两口将儿子叫来一起，请村支书作为见证人，订立了一份分家单，约定北房的西两间和西房两间给儿子赵大宝作为婚房，北房的东两间和东房两间归老两口，赵大宝全权负责老两口的生活起居及养老送终。

2006年，赵大宝与邻村的张燕结婚，张燕的户口也一并迁入了赵家屯10号院中。2011年，赵大宝与张燕夫妻二人见院中房屋陈旧，生活多有不便，于是对赵家屯10号院内的所有房屋在原有基础上进行了翻建和装修。2012年3月，10号院遇搬迁，赵金福作为被腾退人与赵家屯村委会签订了《赵家屯村搬迁腾退安置补偿协议书》，其中被安置人为韩淑芬、赵大宝、张燕。同年9月，按照人均50平方米的安置房置换标准，赵金福选择了三套安置房，分别为福庆家园1号楼1单元201号（以下简称1号楼1单元201号）、

① 北京市海淀区人民法院山后人民法庭法官助理。

② 北京市海淀区人民法院山后人民法庭法官助理。

福庆家园 2 号楼 1 单元 101 号（以下简称 2 号楼 1 单元 101 号）、福庆家园 2 号楼 1 单元 102 号（以下简称 2 号楼 1 单元 102 号）。其中 1 号楼 1 单元 201 号房屋由赵大宝与张燕居住，2 号楼 1 单元 101 号房屋由赵金福老两口居住，2 号楼 1 单元 102 号房屋由赵大宝对外出租，三套安置房尚未办理产权证。同时此次搬迁款共计 120 万元，由赵金福领取，赵金福与韩淑芬两人留下 30 万元作为养老钱后，将剩余 90 万元交给了赵大宝夫妻二人，存入了赵大宝的账户内。

（二）儿子、儿媳离婚，儿媳起诉分割搬迁利益

老赵一家人本以为从此可以过着幸福无忧的生活，但让人没想到的是，因为赵大宝与张燕婚前双方了解不够，婚后两人因为性格原因、生活琐事等问题逐渐产生矛盾并越来越不可调和。张燕于 2018 年 9 月向法院提起离婚诉讼，要求分割夫妻共同财产，其中就包括三套安置房和搬迁款。张燕是这么认为的，2011 年自己同赵大宝对 10 号院内的房屋进行了翻建和装修，这搬迁的老房子里面肯定有自己的一份，自己现在要分搬迁利益没毛病。赵大宝表示咱们婚可以离，但想分我们老赵家的财产没门儿，10 号院是自己家的院子，跟你这个上门媳妇一分钱关系都没有！这官司打了两三个月，法院最终只判决张燕和赵大宝离婚，就安置房和搬迁款这部分财产，因可能涉及第三人利益，告知张燕和赵大宝另案处理。

2019 年 10 月，张燕专门找了律师以分家析产为由向法院再次提起诉讼，这次不光张燕和赵大宝，赵金福老两口也坐到了法庭上。令人意想不到的是，出嫁多年的赵小丫这次也来到了法庭，声称 1999 年全家建房的时候自己也出力了，而且对于分家单自己并不知情也没有签字，这搬迁利益中也该有自己的一份。这下官司越打越热闹，一家人吵得不可开交。

法官一开始也积极做各方的调解工作，可各方都觉得自己才是占理的一方，调解工作收效甚微。最后法院经审理认为，赵小丫在上述搬迁利益中不存在份额，同时依照相关法律规定，在查明参与建房情况的基础上，结合适当照顾老人、妇女的原则，依法作出判决：（1）福庆家园 1 号楼 1 单元 201 号

房屋及福庆家园 2 号楼 1 单元 101 号房屋由赵金福、韩淑芬、赵大宝居住使用；（2）福庆家园 2 号楼 1 单元 102 号房屋由张燕居住使用；（3）赵大宝于本判决生效后 10 日内给付张燕腾退补偿款 32 万元；（4）驳回张燕其他诉讼请求。

拿到判决结果之后，老赵一家人都傻了眼，认为怎么被儿媳一个“外人”分走了这么多利益？赵金福、韩淑芬、赵大宝不服提起上诉，但二审过程中，赵金福、韩淑芬、赵大宝申请撤回上诉，二审法院予以准许。

法理分析

（一）财产涉他人利益，离婚案中难处理

在实务中，由于农村房屋、土地的特殊性及受相关搬迁政策的影响，离婚案件中如果涉及农村房屋的分割或者相应搬迁利益的分割时，往往会因为其他家庭成员是宅基地使用权人或者其他家庭成员有参与建房等情况从而涉及第三人的利益。此外，因为离婚诉讼中诉讼标的的特殊性，出于对人身关系及隐私权等因素的考虑，与涉案财产有利害关系的第三人无法以第三人的身份加入已经进行的离婚诉讼中去。因此在离婚诉讼中涉及第三人利益时，往往需要通过另诉方式解决。在上述案例中，因张燕在离婚诉讼中主张分割的安置房和搬迁款涉及赵金福夫妇的利益，因此，法院在审理的时候并没有对安置房和搬迁款这部分财产利益进行处理，而是告知张燕另行起诉。如果就这部分财产权益已经提起了分家析产诉讼的，可先中止离婚诉讼，待分家析产案件审结后再恢复离婚诉讼。

那么当事人在离婚时，如遇到需要分割的夫妻共同财产尚与他人处于共有状态时该怎么做？夫妻双方的搬迁利益与其他人的搬迁利益尚未分清楚时，当事人需要通过提起分家析产诉讼将属于夫妻共同财产部分的搬迁利益进行析产，而后再提起离婚或离婚后财产纠纷。当事人也可以选择先行提起离婚诉讼解除身份关系，待分家析产诉讼析出夫妻共同的搬迁利益后再提起离婚后财产之诉进行分割。

需要注意两种情形，一是如果搬迁协议中未将张燕列为被安置人时，则应当由赵大宝先行提起分家析产诉讼，待法院将赵大宝应当得到的搬迁利益析出后，再在离婚案件中作为夫妻共同财产进行处理；二是如果搬迁协议中已将张燕列为被安置人，在尚未提起离婚诉讼时，如张燕或赵大宝提起分家析产纠纷，法院倾向于将夫妻二人的搬迁利益“打包”从含有其他人利益的搬迁利益中析出，而后再将确定的夫妻共有的搬迁利益在离婚案件中作为夫妻共同财产进行处理。

（二）分家析产解难题，析清份额定纷争

1. 参与建房有贡献，搬迁利益应有份

根据《中华人民共和国物权法》第九十九条[①]的规定，首先，法院应当审查张燕是不是家庭财产的共同共有人，在本案中，张燕与赵大宝婚后翻建房屋，对房屋的翻建作出了贡献，当院落被搬迁时，应当认定搬迁利益中含有张燕的份额。其次，法院应当审查家庭共有财产的现有状态，本案中，院落搬迁利益主要包括三套安置房及120万元搬迁款，且张燕与赵大宝已经离婚，存在分割的基础及理由。

2. 小丫为何没份额，且听法官把理说

赵小丫的主张主要有两点依据，一是主张自己参与了最初的建房，因此对房屋产权享有权利；二是赵金福夫妇同赵大宝签订分家单时，赵小丫已经出嫁，其主张分家单没有自己的签字，由此认为分家单无效。原则上来讲，如果尚未进行分家析产，一般宅基地使用权人会被推定为新建房屋的产权人，赵金福夫妇作为10号院的宅基地使用权人，院内所建设的房屋的产权人应推定为赵金福夫妇。赵小丫现未在10号院内居住，且在父母建房时尚未成年，其即便参与建房，也应当视为女儿对父母的帮助，并不影响房屋的归属。分家单所处分的家庭共有财产并不涉及赵小丫的权利，赵小丫知情签字与否，不影响分家单的效力。因此法院在分家析产案件中，并没有认定赵

① 该条对应《中华人民共和国民法典》（以下简称《民法典》）第三百零三条。

小丫的利益份额。

3. 利益份额如何算，法理情要结合好

张燕和赵大宝在婚后对院落内房屋进行了翻建，在司法实务中，子女对老房进行翻建并不能够当然取得翻建后房屋的全部产权。一方面，张燕应当对自己的出资建房情况承担举证责任，对于其在翻建后房屋内的份额，应当根据法院查明的实际情况予以划分；另一方面，翻建行为并非完全是将翻建后的新房取代老房，翻建不同于新建，新建是“从无到有”，完全从新开始进行建设，新建后房屋的产权也属于建房人。而翻建则是对原有的建筑拆除大部分后重新建设。在翻建过程中往往会使用到老房子的部分材料，因此认为翻建后的新房应含有原有房屋的一部分残值，这部分残值转化到新建房屋中，成为赵金福夫妇对翻建房屋的份额权益，份额的具体大小会视翻建程度而定。当然，如果在翻建老房时，原房屋已经坍塌无法实际居住，则不再考虑原权利人的利益。

在本案例中，张燕同赵大宝对院落内房屋进行翻建，但并未完全取得院落内翻建房屋的产权，其中还包含赵金福夫妇的一定份额，具体份额大小由法院根据实际翻建情况酌定。张燕对于院落内房屋权益的份额在搬迁利益中体现为房屋重置成新价。此外，张燕作为被安置人对于搬迁中的宅基地区位补偿价、周转费、搬家补助费、提前搬家奖励、配合工程奖励等项目亦享有相应的份额，上述款项经法院计算，张燕应分得的搬迁款为 32 万元。

就安置房的分割，根据搬迁政策张燕可享受 50 平方米安置房面积，结合各当事人的居住及生活情况，故就张燕分得其中一套安置房的主张法院予以支持。

知识拓展

近些年来分家析产案件在整个婚姻家庭纠纷中所占的比例越来越突出。而在分家析产案件中，农村儿媳在离婚后要求分割男方家产的这类案件也越发增多。

随着越来越多的农村地区面临城镇化建设，农村地区中分家析产案件中往往都会涉及对搬迁利益的分割。因此就农村儿媳在离婚后要求分家析产的案件中，通常会有以下几种典型情况：

1. 女方户口在搬迁时尚未迁入搬迁院落

（1）参与院落内房屋翻建。例如，张翠花与王铁柱于2004年3月结婚，结婚后两人即将院落内原有房屋拆除，共同出资出力翻建了房屋。2005年2月院落被搬迁，因张翠花结婚后并未将户口迁至本村，根据当地的搬迁政策，所以未被列为被安置人。后张翠花与王铁柱离婚后，张翠花要求分割搬迁利益。

在该案例中，张翠花未被列为被安置人，但是并不影响张翠花因对院落内房屋的翻建而对房屋享有的权利，对应此次搬迁利益即房屋重置成新价。但是对于安置房及搬迁补偿款中针对被安置人的款项，则无权主张。

（2）未参与院落内房屋建设。在这种情况下，如果女方未被列为被安置人，也未参与过建房，则不论房屋补偿利益还是安置利益，女方都无权主张。

2. 女方户口在搬迁时已经迁入搬迁院落

（1）参与院落内房屋建设。与本章节案例情况相同，此处不再赘述。

（2）未参与院落内房屋翻建。例如，张翠花与王铁柱于2004年3月结婚，结婚后张翠花即把户口迁入该院。2005年2月院落被搬迁，张翠花亦被列为被安置人。按照搬迁政策，张翠花享有人均最低50平方米的安置房标准。后张翠花与王铁柱离婚，张翠花要求分割搬迁利益。

在该案例中，因张翠花被列为被安置人，且享有50平方米的安置房置换面积，因此张翠花可以在本次搬迁中主张安置房及搬迁补偿款中针对被安置人的款项，但因张翠花未参与院落内的建房，所以张翠花对此次搬迁中地上物房屋的补偿不享有权利，因此对房屋重置成新价无权主张。

普法提示

（一）古板观念要不得，调解优先解难题

当前农村中许多人仍秉持着传统观念，认为儿媳或者女婿是外人，自己

家名下的宅基地及房屋与之无关，更不可能将巨额的搬迁利益与之进行分割。但是通过第三部分的典型案例可知，女方在几种情况下对搬迁利益亦享有权利，且受到法律的保护。如果一味地坚持之前错误的传统观念及习俗，不但会影响家庭成员之间的亲情，也会对社会稳定产生不利影响。并且，如果将这种观念带入案件诉讼中，往往会有败诉的风险。更何况诉讼并不是解决问题的最佳途径，但却是成本（不论是时间成本还是金钱成本）最高的无奈选择。因此在遇到此类纠纷时，各方均应相互体谅、相互包容，为家庭做适度让步和改变，尽量通过调解程序化解矛盾，解决纠纷。

（二）法律条文要知道，莫当“法盲”坏大事

根据《中华人民共和国物权法》第九十九条[①]的规定，共有人约定不得分割共有的不动产或者动产，以维持共有关系的，应当按照约定，但共有人有重大理由需要分割的，可以请求分割；没有约定或者约定不明确的，按份共有人可以随时请求分割，共同共有人在共有的基础丧失或者有重大理由需要分割时可以请求分割。因分割对其他共有人造成损害的，应当给予赔偿。首先，共有物分割约定优先适用。共有人之间可以约定不得分割，也可以约定分割，共有人可以就共有物分割的期间、方式、分配达成一致意见。其次，共同共有人在共有的基础丧失或者有重大理由需要分割时，可以请求分割。这里的共有的基础是指共有人之间的相互关系，如夫妻关系、家庭成员关系，共有的基础丧失是指婚姻共同体、家庭共同体解体等。最后，这里的“重大理由”主要是指维持生活支出、医疗、教育等费用支出的事由。因此在女方与男方离婚时，便是共有的基础丧失的典型情况，这时男女双方任何一方均可以行使自己的共有物分割请求权。

（三）以下几点要牢记，才能维护好权益

1. 在涉及搬迁的分家析产案件中，家庭成员如果对家庭财产有贡献或者

① 该条对应《民法典》第三百零三条。

被列为被安置人，则其在搬迁利益中享有相应的份额。而不能简单地以传统观念及风俗习惯对抗法律的相关规定。此外，当事人在搬迁过程中应当关注好当地政府制定的搬迁政策和具体的补偿安置实施细则，合理掌握及维护涉及自身的搬迁利益。

2. 离婚诉讼中如果争议的财产可能涉及第三人的权益，则应当先通过相应的法律程序将夫妻共同财产从中剥离出来再进行分割。也可以充分利用调解程序，在处理离婚问题时与搬迁利益的分割结合起来，合并进行调解，一次性解决纠纷。

3. 在涉及搬迁的分家析产案件中，为了证明自己应当获得的搬迁利益，当事人有责任提供相应证据，如其对家庭财产的形成有何贡献，以何种形式进行贡献。证据形式一般包括证人证言、书证等，其提供证据不足以证实其对搬迁房屋享有权利的，将面临败诉的风险。

总之，家庭是社会的细胞，家庭的和谐稳定是社会和谐稳定的基础，婚姻家庭纠纷中涉及对家庭财产做出分割处理时，往往还会涉及传统的伦理道德因素。因此法院在处理此类纠纷时，应在严格按照法律规定的基础上，从权利分配与义务承担的公平性上考量，努力做到公平公正，适当照顾老人、妇女、儿童，兼顾贡献大小和家庭状况，以达到分家双方都满意，真正做到案结事了。

案例四

离婚时，夫妻一方可否依据搬迁时享受的优惠购房面积分割利益？

——解析优惠购房面积的财产属性及分割方法

宋窈[①]

案情回顾

（一）家遇搬迁，老婆怀孕，双喜临门

张燕与李雷是一对小夫妻，双方在2010年登记结婚，婚后二人与李雷父母李顺、张翠一起居住在李雷父母位于村里的房屋中。2011年，李雷父母的房屋进行腾退搬迁，此时张燕也怀孕了，村委会（甲方）与被腾退人李顺（乙方）签订《搬迁腾退补偿安置协议书》，写明甲方因新农村建设需要，须拆除乙方院内房屋并腾退乙方使用的宅基地。甲、乙双方经协商，就相关事项达成如下协议：1.甲、乙双方确认，乙方合法有效的宅基地面积为25平方米，安置人口5人，分别是李顺、张翠、李雷、张燕（现孕）。2.乙方置换、购买安置房如下：403号2居室、202号2居室、701号2居室，共计3套。3.合法有效宅基地面积（1∶1）和安置人口（人均50平方米）置换安置楼面积，若面积不足或剩余，按以下办法处理：（1）根据合法有效宅基地面积置换后，若安置楼房面积超过合法有效宅基地面积9.66平方米，依据搬迁腾退方案，应补交购房款。（2）根据安置人口置换，安置楼房面积超过合法有效宅基地面积225平方米，依据本次搬迁腾退方案，应补交购房款……7.款项结算：应得各项钱款扣抵购房款及补交房款后金额为274204元。

李丽是李顺的妹妹，王青是李丽的女儿，她们都和李顺在同一个村居住，

① 北京海淀区人民法院四季青人民法庭法官助理。

村委会（甲方）与被腾退人李丽（乙方）签订《搬迁腾退补偿安置协议书》，置换、购买安置房两套，分别为 301 号房屋 1 居室，302 号房屋 1 居室，获得钱款扣抵购房款后总款为 103 万元。上述两份协议中的周转费均按照实际周转时间给付。

李丽考虑到自家人多，住一居室不够宽敞，便想与哥哥李顺换房，李顺同意换房，李顺和李丽在法律服务所签订协议书，约定李丽自愿将 301 号房屋所有权人变更为李顺。7 天后，李丽、李顺在法律服务所签订协议书，701 号房屋所有权人变更为李丽、王青。同日，李丽与张燕在法律服务所签订协议书，约定李丽自愿将 302 号房屋变更为张燕。

现所有安置房均由李顺负责购买，搬迁补偿款由李顺保管，双方均认可李雷、张燕对该房屋未有改建、翻建。关于周转费，李丽和李顺实际领取周转费多于搬迁协议中所列明的周转费，李丽领取 2014 年至实际入住期间的周转费总金额为 250000 元，李顺领取 2014 年至实际入住期间的周转费总金额为 525000 元。李丽与李顺按照各自搬迁协议领取协议中载明的款项，李丽实际持有 701 号房屋的周转费，李顺实际持有 301 号、302 号房屋的周转费。

（二）夫妻缘尽，因搬迁利益对簿公堂

张燕后来流产，张燕与李雷由于夫妻感情不和，于 2018 年经法院调解离婚，进行了夫妻共同财产分割，由于在离婚中没有处理搬迁利益，根据搬迁腾退方案第十二条“本地区搬迁腾退实行宅基地面积置换，按照认定的合法有效宅基地面积 1∶1 置换安置楼房建筑面积。对被拆除的合法有效宅基地内房屋及附属物按照重置成新价给予补偿。（一）被搬迁人家中人口多而合法有效宅基地面积少的，按 1∶1 比例置换安置房后，可按认定人口人均 50 平方米补足安置房面积，补足的部分按照每平方米 4500 元购买”规定，张燕系搬迁协议中的共居人，其与当时腹中胎儿享有每人 50 平方米安置面积。张燕认为，其嫁给李雷这些年没享受到什么福，现在孩子没有了，婚也离了，自己作为共居人应该得到的腾退搬迁利益必须要得到，而且李顺与李丽交换的安置房中有一套已经变更为张燕了，故张燕诉至法院，要求：1. 请求法院

依法分割搬迁安置房产中 81.38 平方米产权归张燕使用，即确认 301、302 号房屋归张燕居住使用。2. 请求判令李顺、李雷、张翠偿还张燕补偿、补助、奖励费共计 244633.87 元。3. 请求判令李顺、李雷、张翠偿还自 2012 年 12 月 31 日起至房屋交付之日止的周转费。

李顺、张翠、李雷不同意张燕所有诉讼请求，腾退搬迁的房屋所有权人是李顺，被腾退人为李顺，房屋性质为农村宅基地，是按宅基地 1∶1 置换，宅基地也是李顺当年申请的，申请宅基地盖房时李雷还小，都是李顺、张翠老两口建设的院内房屋，张燕在嫁过来后并没有对房屋进行任何维护，也没有在院内新建、翻盖房屋，根据腾退政策，张燕并不具备相应条件，不享有人均 50 平方米的安置补偿，其应当享有一定的金钱补偿。对于更换房屋后的产权人登记，并不同意登记在张燕名下。

此时，案件的争议焦点是：张燕享有的优惠购房指标，是否属于一种搬迁利益？如果属于搬迁利益，如何对利益的大小进行确定？具体又如何分割？

法理分析

（一）张燕享有的优惠购房指标，是否属于一种腾退搬迁利益？

在本案中，张燕并未对被腾退搬迁的房屋有任何建设，宅基地申请时张燕还没有嫁给李雷，张燕能够取得优惠购房指标，是基于其和李雷的婚姻关系，村委会根据相应的腾退搬迁政策，认定房屋腾退搬迁后张燕也是安置人之一。安置人是由于原房屋腾退搬迁，需要另行安置的人口。张燕享有的优惠购房面积，是其享有的作为安置人可以优惠购买安置房屋的权利，是对安置人口进行的腾退搬迁补偿之一，是基于特定身份获得的优惠安置利益，但并不能直接获得安置房屋。此时张燕要取得优惠购房指标对应的腾退搬迁利益，应当由张燕、李雷夫妻双方先在离婚诉讼中处理除腾退搬迁利益外其他属于夫妻共同财产的财产分割及婚姻问题，当离婚诉讼结束后双方婚姻关系解除，再另行提起分家析产的诉讼，将腾退搬迁协议中的被腾退人与安置人列为当事人，来进行腾退搬迁利益的分割。

（二）张燕作为享有优惠购房面积的安置人口，享有的腾退搬迁利益是什么，如何进行分割？

不动产可以由两个以上个人共有。共有人在共有的基础丧失或者有重大理由需要分割时可以请求分割。本案中，张燕系搬迁协议上的共居人。签订腾退安置补偿协议时，张燕怀有身孕，搬迁单位与李顺签订的搬迁补偿协议中明确统计了在册人口及实际居住人口共计 5 人，而每个安置人享有 50 平方米的优惠购房面积，就表明签订协议时已经为张燕腹中胎儿预留了 50 平方米的优惠购房面积，此时其腹中胎儿视为具有民事权利能力，在作为安置人口分得优惠购房面积上享有了与其他自然人相同的权利，为其预留了相应的利益。后张燕腹中胎儿流产，胎儿娩出时为死体的，其民事权利能力自始不存在，故张燕腹中胎儿因未出生，不享有腾退搬迁利益，为其预留的 50 平方米优惠购房面积及其他腾退搬迁利益由腾退搬迁协议中的被腾退人及共居人享有，上述搬迁协议中的安置人口李顺、张翠、李雷、张燕应享有搬迁补偿。搬迁利益分为两类，一类是各种金钱补助，另一类是安置房屋。

1. 金钱补助

关于张燕主张的搬迁补偿款及周转费一节，由于张燕未对被搬迁腾退的房屋建设及宅基地取得作出贡献，故张燕无法取得搬迁补偿款中对于房屋或宅基地等的补偿，但搬迁款中对安置人口中个人的补偿，是按照被安置人口数量计算的，故对于该笔费用中属于张燕的部分，应由张燕取得。对于周转费，因周转费系对安置人口支付，张燕在婚姻存续期间与李雷及家人共同生活，此费用不应再向张燕支付。对于张燕与李雷离婚后的周转费，应当归张燕所有，具体数额本院依据腾退方案及搬迁协议予以分割。

2. 安置房屋

关于张燕主张的分割安置房屋面积，结合搬迁政策，被搬迁腾退房屋的有效宅基地面积为 25 平方米，由于每个共居人均享有 50 平方米优惠购房指标，在计算了包括张燕及其胎儿在内的五个人的人口数量，才获得了购买三套共计259平方米安置房的资格。张燕享有50平方米购房指标，但张燕未对宅基地的取得及房屋建设出资出力，亦未出资购买安置房屋，并不必然对安置房享有相应权利。但李顺作为被腾退人，根据李丽与张燕、李顺签订的协议，可以确认，李顺与李丽自愿将房屋的居住使用权利进行了交换，并且双方按交换后的房屋领取了相应的周转费用，此协议内容系双方真实的意思表示。李丽与张燕签订协议，自愿将302号房屋变更为张燕居住使用，亦是双方家庭中对于搬迁所得房屋的分配，不违反法律规定，双方均应按此约定履行，协议可视为李顺作为被腾退人对于交换而来的302号房屋在家庭内部进行了分配，且由于302号房屋尚未取得产权证，无法确认所有权，故张燕据此可取得302号房屋的居住使用权。最终法院判决302号房屋由张燕居住使用，李顺给付张燕搬迁补偿款326725元、周转费15000元。

知识拓展

（一）货币搬迁政策下享有优惠购房面积的安置人可取得的搬迁利益

货币搬迁是指被搬迁人与地产公司签订《房屋搬迁货币补偿协议》，写明安置人口，计算各项搬迁补偿款，根据搬迁政策的规定，每个安置人口均享有优惠购房面积，再由被搬迁人与地产公司签订回购房屋合同，以优惠价格购买房屋。那么在此种政策下，若夫妻双方离婚，离婚一方作为安置人可获得的优惠购房指标对应的搬迁利益是什么？我们分为以下三种情况：1. 在被搬迁人放弃购买安置房屋的情况下，安置人只能分得货币搬迁协议中属于自己所有的搬迁补偿款。2. 被搬迁人签订了房屋认购书，确定了购房总面积，但未办理选房确认手续，无法确定房屋具体地址及房号时，安置人分得属于自己的优惠购房面积，即请求法院确认家庭总优惠购房面积中的××平方米由自己享有。3. 在被搬迁人购买了安置房屋并且房屋已经建好，离婚一方的安置人对宅基地的申请及房屋的建设没有贡献亦未购买安置房屋的情况下，安置人不能凭借其享有的优惠购房面积获得安置房屋，只能获得该优惠购房面积的安置利益。安置人享有的优惠购房面积所对应的搬迁利益的计算应当考虑到购买安置房屋的优惠价格与房屋实际价格的差额，以及被搬迁人购房时所使用的安置人享有的优惠购房面积。

（二）非货币搬迁政策下获得优惠购房面积的安置人可取得的腾退搬迁利益

目前关于农村地区搬迁腾退安置房补偿问题，主要依据为所涉地区的搬迁腾退政策（包括经当地村民代表大会通过并发布的腾退改造方案及实施细则、村委会或房地产开发公司与被腾退人签订的腾退补偿安置协议等），腾退搬迁利益主要包括金钱补助及安置房屋。对于金钱补助如何在被安置人之间分配，主要是根据腾退搬迁政策区分出各项补助所针对的标的，有针对宅基地的补助、针对房屋的补助、针对被安置人的补助。宅基地建房批示列明被安置人的，被安置人可获得针对宅基地的补偿款；对建房、翻建、扩建出资出力的，可获得与房屋等地上物有关的补偿款；所有被安置人可取得如周转费之类对于被安置人的补助。

涉及安置房屋的问题，除货币搬迁外，大致分为两种政策，一种是按照宅基地 1∶1 置换，即按照宅基地面积置换同等或略少、略多的安置房屋面积；另一种是按照安置人口的数量给予每人一定的优惠购房面积，即上述案例中的情况。实践中，当一方离婚时，对于自己作为被安置人口签订的腾退搬迁协议，因明确了自己享有优惠购房指标，要求分割取得相应的安置房屋。对于夫妻一方享有的优惠购房指标能否作为享有安置房所有权的依据，应当兼顾婚姻法、物权法上确定的共有人对于共有物取得的贡献，考虑一方的实际居住困难予以认定。享有优惠购房面积但未实际购买安置房屋的人，并不能必然地取得安置房屋。上述案例中的情况较为特殊，是由于被腾退人李顺有一个意思表示，即将其与妹妹交换房屋的其中一套给予张燕，从而据此认定在尚不能办理房产证的情况下，张燕对该房屋享有居住使用的权利。那么如果享有优惠购房面积的被安置人不能根据其优惠购房面积来取得安置房屋，其优惠购房面积是否有相应利益？由于多了一个或数个被安置人口，被腾退人才能购买更大面积的安置房屋，且购买房屋的钱款亦属于腾退搬迁补助，在尚未进行分家析产前，该笔钱款中亦有属于被安置人的份额。优惠购房面积是具有相应利益的，当其不能直接作为获得安置房屋的依据时，如何对其对应的经济利益进行计算则成了一个重要问题。在实践中，部分地区腾退搬迁政策中注明若被腾退人放弃购房，则其能够获得相应金钱补助，该项政策可对于优惠购房面积进行金钱的量化，可以将其数额作为享有优惠购房面积但未能获得安置房屋的被安置人口的补助。但是大部分情况下，各地的腾退搬迁政策中没有对放弃购房指标的相应补助条款，那么优惠购房面积的相应利益应当如何衡量，可以考虑优惠购房指标情况、购房款支付情况、现房屋价值等情况进行计算。

需要注意的是，实务中出现过的一种情况，上述两种政策在搬迁腾退政策中均有所体现，如安置房屋的取得方式既写明按照宅基地 1∶1 置换，又写明按照安置人口数量给予优惠购房面积，在该种情况下，法院如何确定当事人是按照何种政策取得安置房屋。目前主要是通过原有的宅基地面积来判断，取得的安置房屋面积等于或略大于、略小于原有宅基地面积，则认定安置房屋的取得方式为通过宅基地 1∶1 置换。若取得的安置房屋面积远大于原有宅基地，如上述案例中的情况，则认定安置房屋的取得方式按照安置人口的数量给予每人一定的优惠购房面积。

（三）如何处理腾退搬迁协议中预留优惠购房面积的胎儿利益？

在实践中，经常出现签订腾退搬迁协议时，共居人中有孕妇的情况，在按照安置人口给予各安置人优惠购房面积的政策下，当腾退搬迁协议中出现了为胎儿预留的优惠购房面积，此时胎儿的利益应当如何计算呢？根据《中华人民共和国民法总则》第十六条[①]规定，涉及遗产继承、接受赠与等胎儿利益保护的，胎儿视为具有民事权利能力。但是胎儿娩出时为死体的，其民

---

① 该条对应《中华人民共和国民法典》（以下简称《民法典》）第十六条。

事权利能力自始不存在。故在签订腾退搬迁协议时，若安置人之一怀有身孕，协议中为胎儿预留了腾退搬迁利益，此时会有三种情况：1. 胎儿后来顺利产出并存活，那么该预留份额就是产出胎儿的财产，由其个人所有。2. 安置人腹中的胎儿流产，相当于胎儿出母体后并未存活，与胎儿娩出后为死体的法律性质相同，那么造成的法律后果为其所享有的民事权利能力自始不存在，为其所预留的优惠购房面积等腾退搬迁利益，其利益应当属于腾退搬迁协议中的其他共居人及被腾退人全体，可在腾退搬迁协议中的其他共居人及被腾退人中均分。3. 胎儿出生时为活体，存活一段时间后死亡，哪怕一段时间为一秒钟，该产出的胎儿也可作为自然人获得为其预留的优惠购房面积。根据《中华人民共和国民法总则》第十三条规定[①]，自然人从出生时起到死亡时止，具有民事权利能力，依法享有民事权利，承担民事义务。那么胎儿只要脱离母体后存活一段时间，在那段存活的时间中其就是自然人，可以享有民事权利，获得为其预留的份额，若其在存活一段时间后死亡，其所取得的预留份额将作为遗产，由其继承人进行继承。

普法提示

俗话说“家和万事兴”“好聚好散”，家庭内部矛盾对于所有家庭成员都是有所伤害的。当初的婚姻多么甜蜜，离婚时就多么苦涩，甚至一地鸡毛。本来夫妻的离婚对双方就是一种打击，在离婚时对于财产、子女的互相争夺，不仅伤害夫妻双方，更伤害孩子。由于腾退搬迁所带来的利益巨大，且往往涉及一方父母家人，无法在离婚案件中处理，只能另外提起分家析产案件的诉讼，双方为了利益争得头破血流，孩子的妈妈和孩子的奶奶、爷爷此时也成了仇人，对簿公堂，对各方来说都是一种伤害。

在房价高企的当下，安置房能够带来的巨大利益使得安置房屋的归属成为该类案件中当事人最关心、最在意的问题。腾退搬迁中主要包括被腾退人

① 该条对应《民法典》第十三条。

与其他被安置人口，一般由被腾退人签订《腾退补偿安置协议书》，并进行安置房屋的收房等与腾退安置补偿相关的工作。在按照安置人口数量给予安置人优惠购房面积的情况下，一般由被腾退人对该房屋进行购买，其他被安置人虽享有优惠购房面积，但并未对房屋建设及宅基地的取得出资出力，亦未对房屋进行购买，故其根据其享有的优惠购房面积要求分得安置房屋时，法院一般对该诉讼请求不予支持。在货币搬迁政策下，享有优惠购房面积的安置人能否取得安置房屋的考虑因素与上述情况相同。但当出现本案中的情况，即房屋的被腾退人作出了一个表示，同意将换来的房屋给予其他被安置人时，即使房屋此时尚未能办理房屋产权证书，无法处理房屋的所有权归属，房屋也可以由该被安置人居住使用。

本案中对于腾退搬迁利益在各被安置人中如何分配进行了讲解，腾退搬迁协议中享有优惠购房面积的被安置人并不必然能够获得安置房屋，家庭内部能达成一致协议的除外。故我们提示，在各安置人间遇到有关腾退搬迁利益分割争议时，应当多在家庭内部通过沟通解决，若被安置人想将优惠购房面积转化为安置房屋，则需要尽早对腾退搬迁利益进行分家析产，并出资购买相应安置房屋。希望通过本案例的讲述，能帮助更多家庭化解因腾退搬迁利益分配导致的纠纷，使家庭关系更和睦，整个社会也可以更和谐。

第六章

回迁安置房屋买卖合同的法律效力问题

案例一

买卖“小产权”回迁安置房屋，合同是否有效？

——解析“小产权”回迁安置房屋买卖合同的效力及责任认定问题

董琳雪[①]

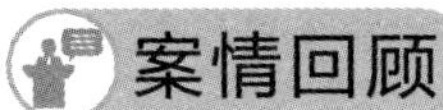

案情回顾

（一）购买搬迁安置房屋却被他人装修入住

2014年，东风村进行棚户区改造。2014年12月1日，村民刘旭与张哲签订了《房屋买卖合同》，约定：刘旭将灯塔小区9号楼103室出售给张哲，房屋总价款18.8万元；房款分期支付，张哲需于2014年年底前支付10万元，需于2017年年底前付清剩余全部房款。此后，张哲如约向刘旭支付了购房款18.8万元，刘旭也将房屋的装修钥匙交给张哲。

2018年2月6日，张哲到灯塔小区收房，但发现103室已经由他人装修入住。

（二）房屋被占之隐情

张哲买下的103室，怎么会被其他人“捷足先登”呢？

原来，刘旭卖给张哲的103室是魏然为了还债而抵给刘旭的。刘旭与案外人魏然曾就东风村棚户区改造安置项目中的木工分项签订《劳务承包协议》，后魏然用诉争房屋抵顶了刘旭的劳务费，此后刘旭又将该房屋以18.8万元的价格出售给张哲。而魏然又因拖欠他人工程款而将房屋出售，在张哲之前已经装修并入住的人家，就是从魏然手中买房的人。

---

① 北京市海淀区人民法院四季青人民法庭审判员。

眼看着花钱买的房子不能入住，张哲只好将刘旭告上法庭，要求刘旭返还购房款 18.8 万元并赔偿经济损失 2 万元。张哲表示，事后经过了解才知道 103 号房屋是在村集体土地上建设的“小产权”房屋，自己并不是东风村的村民，根本没有资格购买灯塔小区的房子，自己与刘旭签订的房屋买卖合同因为违反了法律规定属于无效合同。

得知张哲把自己起诉了，刘旭大感不解。刘旭认为，把 103 号房屋卖给外村人张哲，东风村村委会是同意的；自己与张哲是你情我愿签订的房屋买卖合同，张哲在买房的时候就知道这是村里的自建房，张哲现在要求确认合同无效没有法律依据；张哲如果想要维权，应该让住在 103 号房屋的一家人搬家。

（三）买卖“小产权”安置房屋合同无效、返还房款

此时可以看出案件的争议焦点是：张哲与刘旭签订的房屋买卖合同是否有效？张哲要求刘旭返还购房款 18.8 万元、承担损失 2 万元有无事实依据和法律依据？

一审法院经审理后确认涉案房屋买卖合同无效并判令刘旭向张哲返还购房款 18.8 万元。判决后刘旭不服，提出上诉，二审法院判决驳回上诉，维持原判。

现如今，所谓“小产权”房屋在我国社会经济生活中大量存在，涉及的权属、流转或其他纠纷非常常见。而我国对于此类房屋缺乏明确的法律规范，致使法院对此类案件是否可以受理及受理后如何处理都存在争议，从而导致裁判的不统一。“小产权”房屋中又存在一种在农村集体土地上的房屋搬迁后取得的回迁安置房屋，那么在搬迁腾退的背景下，对此类房屋进行买卖，合同效力如何呢？买方与卖方的责任又应如何划分呢？张哲与刘旭的纠纷法院为何如此判决呢？下面我们将一一进行分析。

法理分析

（一）“小产权”回迁安置房屋买卖合同的效力

“小产权”回迁安置房屋指的是将农村集体土地上原有房屋搬迁后，在

农村集体所有的土地上开发建设的回迁安置用房。此类房屋最重要的特征是在农村集体土地上建设且用于回迁安置。

合同是平等的当事人之间设立、变更、终止民事权利义务关系的协议。依法成立的合同从成立之日起生效，具有法律约束力。《中华人民共和国合同法》（以下简称《合同法》）第五十二条[①]规定："有下列情形之一的，合同无效：（一）一方以欺诈、胁迫的手段订立合同，损害国家利益；（二）恶意串通，损害国家、集体或者第三人利益；（三）以合法形式掩盖非法目的；（四）损害社会公共利益；（五）违反法律、行政法规的强制性规定。"要判断合同是否有效，应以该条款为依据。本案中，张哲主张双方签订的房屋买卖合同违反了《中华人民共和国土地管理法》（2004 年修订）［以下简称《土地管理法》（2004 年修订）］第四十三条[②]的规定，应属无效。那么法院就需要审查该合同是否有违反上述法律规定的情形，如有违反，是否构成合同无效的理由。

法院经审理认为，诉争房屋是东风村村委会在集体所有土地上开发所建，是该村的安置用房，即俗称的"小产权房"。《土地管理法》（2004 年修订）及国务院的相关通知文件对于小产权房屋均有明确规定，农村的住宅不得向城市居民出售，禁止城镇居民在农村购置宅基地，也不允许有关部门为违法建造和购买的住宅发放土地使用证和房产证，小产权房的买卖行为违反了《土地管理法》（2004 年修订）、《中华人民共和国物权法》（以下简称《物权法》）[③]的相关规定。张哲虽然不是城市居民，但也不是东风村集体经济组织成员，他与刘旭签订的房屋买卖合同的买卖标的物不仅是房屋，还包含相应的宅基地使用权。而宅基地使用权是本农村集体经济组织成员享有的权

---

① 该条对应《中华人民共和国民法典》（以下简称《民法典》）第一百四十六条、第一百五十三条、第一百五十四条。

②《全国人民代表大会常务委员会关于修改〈中华人民共和国土地管理法〉、〈中华人民共和国城市房地产管理法〉的决定》（由中华人民共和国第十三届全国人民代表大会常务委员会第十二次会议于 2019 年 8 月 26 日通过，自 2020 年 1 月 1 日起施行）已删除该条款。

③ 对应《民法典》中的相关条款。

利，与享有者特定的身份相联系，非本集体经济组织成员无权取得或变相取得。依据上述规定，双方所签订的房屋买卖合同已违反法律、行政法规的强制性规定以及国家政策精神，应为无效合同。

集体土地是指农村集体所有的土地。《中华人民共和国宪法》第十条第二款规定："农村和城市郊区的土地，除由法律规定属于国家所有的以外，属于集体所有；宅基地和自留地、自留山，也属于集体所有。"从用途上来讲，集体土地一般包括农村宅基地、集体建设用地、农用地等。农村集体所有土地不同于国有土地，我国法律对其有特殊的规制。《物权法》第一百五十一条[①]规定："集体所有的土地作为建设用地的，应当依照土地管理法等法律规定办理。"第一百五十二条[②]规定："宅基地使用权人依法对集体所有的土地享有占有和使用的权利，有权依法利用该土地建造住宅及其附属设施。"第一百五十三条[③]规定："宅基地使用权的取得、行使和转让，适用土地管理法等法律和国家有关规定。"根据《土地管理法》(2004年修订)第四十三条、第六十三条等条款的规定，农村集体所有土地不能设立建设用地使用权，宅基地使用权不能自由流转，农村集体所有土地一般不能用于非农业建设，兴办乡镇企业、建设公用设施及农民在宅基地上建设房屋才能使用农村集体土地等。国务院办公厅于1999年5月6日发布的《关于加强土地转让管理　严禁炒卖土地的通知》第二条规定"农村的住宅不得向城市居民出售"。国务院于2004年10月21日出台的《关于深化改革严格土地管理的决定》规定："加强农村宅基地管理，禁止城镇居民在农村购置宅基地。"2007年《国务院办公厅关于严格执行有关农村集体建设用地法律和政策的通知》强调："农村住宅用地只能分配给本村村民，城镇居民不得到农村购买宅基地、农民住宅或'小产权房'。单位和个人不得非法租用、占用农民集体所有土地搞房地产开发。"

---

① 该条对应《民法典》第三百六十一条。

② 该条对应《民法典》第三百六十二条。

③ 该条对应《民法典》第三百六十三条。

从上述法律规定可以看出，宅基地的所有权归村集体，农民仅享有使用权，而在宅基地上建造的房屋是农民的私有财产，正常情况下私有财产应当可以自由流转。但对于土地使用权和房屋所有权，我国采“房地一体”原则，即在房屋建造时土地使用权和房屋所有权相互独立，但在房屋转让时二者应同时转让，归一个主体。基于上述原则，宅基地上的房屋不能上市流转。这样一来，两种法律制度就存在矛盾。在司法实务中，对于这一问题的解决，主流意见是村民自有住房向非本集体经济组织成员出售，买卖合同将被认定为无效。

本案中，刘旭与张哲买卖的房屋是建设在集体所有土地上的回迁安置房屋，属于“小产权”房，根据“房地一体”原则，双方房屋买卖合同的标的包括了房屋和相应的宅基地使用权。而宅基地使用权是本农村集体经济组织成员享有的权利，不具有该集体经济组织成员身份的人无权取得。因此，该房屋买卖合同违反了《物权法》《土地管理法》(2004 年修订）等法律、行政法规的强制性规定，符合《合同法》第五十二条第五项[①]的规定，应属无效。

（二）买卖双方的责任认定

对于张哲要求返还购房款并承担损失的问题，属于合同被认定无效后的法律后果，对此《合同法》第五十八条[②]作了规定：“合同无效或者被撤销后，因该合同取得的财产，应当予以返还；不能返还或者没有必要返还的，应当折价补偿。有过错的一方应当赔偿对方因此所受到的损失，双方都有过错的，应当各自承担相应的责任。”在房屋买卖合同被确认无效后，司法实务中对于出卖人返还购房款并赔偿买房人的装修损失、买房人向出卖人腾退房屋，基本不存在争议。因此，刘旭应当向张哲返还购房款 18.8 万元，但因造成双方所签合同无效的后果张哲亦有过错，其明知诉争房屋系在东风村集体所有的土地上建设，仍与刘旭签订房屋买卖合同，故对张哲主张的 2 万元租赁费

① 该条对应《民法典》第一百五十三条。

② 该条对应《民法典》第一百五十七条。

损失应该由其自己负担。

合同被认定无效后，买卖双方的责任应如何分担呢？导致合同无效的过错可能有两种情形：一是只有一方有过错；二是双方都存在过错。第一种情形，过错多数是在于卖房人，卖房人故意向买房人隐瞒了房屋性质的真相或提供虚假的证明，使得买房人认为自己购买的房屋是合法的。在此种情况下应由卖房人承担损失。第二种情形，若双方均有过错，可先将各自因过错应当赔偿的损失数值相同的部分予以抵销，再由过错较大的一方赔偿相应的差额。一般情况下，如双方都有过错，卖房人明知不能卖而卖，买房人明知不能买而买的，法院会判定卖房人负主要责任，因为卖房人对房屋性质明显知晓却故意出售，而后又不全面履行合同或因房价上涨等原因主张合同无效，违背了诚实信用原则。买房人虽知道“小产权”房存在的问题，但一般会依合同约定履行自己的义务，应承担次要责任。以北京市为例，2006 年 9 月 14 日，北京市高级人民法院下发了《农村私有房屋买卖纠纷合同效力认定及处理原则研讨会会议纪要》，明确在合同无效的原因方面，出卖人负有主要责任，买受人负有次要责任。

对于损失的范围问题，合同无效后的损失赔偿性质属于缔约过失责任，而非违约责任，因为合同无效系自始不发生效力，不产生合同债权或债务。买卖“小产权”回迁安置房屋合同被确认无效的原因是一方或双方存在过错导致合同违反了法律或行政法规的强制性规定，过错方应承担缔约过失责任。缔约过失责任最主要的承担方式是赔偿损失，赔偿的对象应为信赖利益损失，即当一方当事人信赖合同有效成立，但因某种事由合同不成立、无效或被撤销而遭受的损失。缔约过失责任的目的是使一方当事人的利益恢复至合同签订之前的状态，因此其赔偿对象应为信赖利益。信赖利益损失包括直接损失和间接损失两种。卖房人因在各方面占据优势地位，其损失往往远远小于买房人。对于买方来说直接损失主要是付房款所损失的利息以及为履行合同支付的交通费等相关费用；而间接损失则主要是房价上涨的差额损失及错过购买其他房屋的机会的损失。公平正义是法律的基本原则，若因卖房人违反诚信原则导致合同无效，买房人应得到一定补偿。但对于补偿的数额，因“小产权”回迁安置房屋的特殊性，在具备条件时法院可能会征询相关机构，了解类似房屋的实际交易价格与买房人购房时的价格之间的差额，也可能会根据涉案房屋的情况、买卖房屋的时间和价款、双方过错程度等多种因素进行综合判断。

知识拓展

（一）“小产权”房屋的概念及分类

“小产权”房屋不是一个法律概念，它是针对“大产权”房而言的。“大产权”房是在国有土地上建造的产权清晰并能够合法办理产权证书的房屋，“小产权”房屋是在农村集体经济组织土地上建造的房屋，包括在农村宅基地、集体建设用地或农用地等集体土地上开发建设的房屋。

从房屋建设方来看，“小产权”房包括农村集体经济组织成员在自己有使用权的宅基地上建设的房屋用于出售、农村集体经济组织自身或与开发商合作在集体所有土地上建设住房用于安置集体经济组织成员及对外出售。

从是否取得合法审批手续角度来看，“小产权”房可分为合法建造的“小产权”房和违法建造的“小产权”房。前者是指房屋建设符合相关法律规定，符合《土地管理法》和《中华人民共和国城乡规划法》，也取得了合法审批手续，但因房屋建设在集体土地上，没有办理土地征收和出让等手续，不能进行合法的登记。后者是指房屋建设不符合相关法律规定，不符合土地利用和建设规划，未得到相关部门的合法审批，该类房屋系违法建设，无法办理产权初始登记、转移登记或取得房屋所有权证书。对于合法建造的“小产权”房，本集体经济组织成员作为建造者拥有事实所有权。对于违法建造的“小产权”房，建造者不能原始取得房屋所有权。

值得注意的是，2019 年《土地管理法》修订后，《土地管理法》（2004 年修订）第四十三条被删除，第六十三条被修改为：“土地利用总体规划、城乡规划确定为工业、商业等经营性用途，并经依法登记的集体经营性建设用地，土地所有权人可以通过出让、出租等方式交由单位或者个人使用，并应当签订书面合同，载明土地界址、面积、动工期限、使用期限、土地用途、规划条件和双方其他权利义务。前款规定的集体经营性建设用地出让、出租等，应当经本集体经济组织成员的村民会议三分之二以上成员或者三分之二以上村民代表的同意。通过出让等方式取得的集体经营性建设用地使用权可以转让、互换、出资、赠与或者抵押，但法律、行政法规另有规定或者土地所有权人、土地使用权人签订的书面合同另有约定的除外。集体经营性建设用地的出租，集体建设用地使用权的出让及其最高年限、转让、互换、出资、赠与、抵押等，参照同类用途的国有建设用地执行。具体办法由国务院制定。”该条规定破除了集体经营性建设用地进入市场的法律障碍，符合上述条件的集体经营性建设用地可以通过出让、出租等方式交由集体经济组织以外的单位或个人使用。同时，修订后的《土地管理法》第二十四条、第六十四条和第六十六条对集体经营性建设用地入市、流转作出了其他制度性规定，但该规定仅针对集体经营性建设用地，而不包括宅基地、公益性公共设施用地等其他性质的集体土地，国家对于限制城市居民购买农村住房的态度依然坚决。2020 年 5 月 14 日自然资源部发布的《关于加快宅基地和集体建设用地使用权确权登记工作的通知》（自然资发〔2020〕84 号）第三部分明确指出：“对乱占耕地建房、违反生态保护红线管控要求建房、城镇居民非法购买宅基地、小产权房等，不得办理登记，不得通过登记将违法用地合法化。”因此，今后对于集体土地上所建房屋的性质，应当根据土地性质的不同进行区分。如回迁安置房屋建设在集体经营性建设用地上，在符合《土地管理法》等法律规定的相应条件的情况下，也可能成为合法房屋、取得产权登记。

（二）不同类型的“小产权”房屋权属纠纷的处理原则

对于不同类型“小产权”房屋权属引发的纠纷，司法实务中通常采取以下原则：1. 对已经被行政机关认定为违法建筑的“小产权”房，其占有、使用、收益纠纷不予处理，如果法院予以处理，将与行政机关的处理结果相悖。2. 对已经经过行政程序合法化的“小产权”房，其归属应当予以处理，因为经过行政程序合法化后，此类房屋建设就具有了合法性。但应注意区分房屋所附着的土地是否被征收为国有土地且已办理出让手续，或者符合《土地管理法》（2019 年修订）中对于集体经营性建设用地的相关规定，如果没有，则不能使房屋持有人取得房屋权属。3. 对房屋建设未取得合法审批手续，但长期存在且未受到行政处罚的“小产权”房，考虑到其客观存在的使用价值及社会经济秩序的稳定，仅对使用权进行处理。

（三）不同类型的“小产权”房屋买卖合同效力认定的不同处理原则

对于不同类型的“小产权”房的买卖合同效力认定，司法实务中通常采取以下原则：1. 对于合法建造的“小产权”房的买卖合同，依据农村集体土地不能上市流转的原则，如购买方是本集体经济组织成员，应认定为有效，如购买方不是本集体经济组织成员，则应认定为无效。2. 对于违法建造的“小产权”房的买卖合同，均应认定为无效。

而“小产权”回迁安置房屋存在特殊之处。回迁安置房屋包括旧村改造安置房屋、新农村建设安置房屋、绿化隔离带地区改造安置房屋等。这些安置房屋所附着的土地性质不尽相同，有的仍然属于集体土地，有的建设行为经过了合法审批、变更了土地性质为国有土地，有的建设经过了合法审批但土地性质尚未发生变更。而“小产权”回迁安置房屋仅指建设在集体土地上的安置房屋，且通常经过土地和规划部门的审批而建造。现实生活中，此类房屋所附着的土地，有一部分可能会经过合法的程序改变土地性质，转为国有土地并具备办理所有权证的条件，在这种情况下，为促进交易、维护市场秩序，对此类房屋的买卖合同则倾向于认定为有效。

（四）《合同法》《物权法》中相关法律规定与《民法典》有关条文的对比

对于“小产权”房屋买卖合同无效的情形，主要涉及的是《合同法》第五十二条第五项[①]，即违反法律、行政法规的强制性规定。该条对应的是《民法典》第一百五十三条规定："违反法律、行政法规的强制性规定的民事法律行为无效。但是，该强制性规定不导致该民事法律行为无效的除外。违背公序良俗的民事法律行为无效。"《民法典》的该条款承继了《合同法》的上述规定，同时增加了但书。但是，实际上对于"强制性规定"的具体指向，《民法典》与《合同法》是一致的，均指的是"效力性强制性规定"。而且该条款中"公序良俗"的概念包含了"社会公共利益"的含义，也增加了"善良风俗"的内涵。

《物权法》中对于集体土地及宅基地的相关规定与《民法典》的规定基本一致，不再赘述。

普法提示

"小产权"房在我国社会普遍存在，主要原因在于：城市人口不断增长，城市居民住房需求强烈，而商品房房价普遍持续上涨，已达到普通百姓无法负担的高位，促使城市居民转而选择房价相对便宜的农村"小产权"房；农村集体经济组织成员希望通过在集体土地上开发建设房屋改善自身经济状况、改善农村基础设施和居住环境；加之我国现行法律对集体土地的使用有所限制，即便是2019年修订后的《土地管理法》亦仅放开了对集体经营性建设用地的出让和流转，而随着市场经济的发展，一些集体或个人发现了土地的巨大利益，不惜违法建设"小产权"房以获取巨额经济利益。而现行的土地制度决定了国家在法律层面上对"小产权"房仍持否定态度，因此近些年出现大量的"小产权"房屋权属纠纷、买卖合同纠纷案件，其中涉及大量因城郊农村搬迁腾退安置房屋买卖关系引发的纠纷。虽然这类房屋无法取得房屋产权证或者在很长一段时间内无法取得产权证，但因城郊农村与城市距离较近，方便生活，许多城市居民选择购买农村搬迁腾退安置的房屋供居住

① 该条对应《民法典》第一百五十三条。

使用。随着时间的推移，卖房人可能会因房价上涨试图“反悔”，买房人也可能会因卖房人无法交付房屋诉讼要求确认合同效力，导致产生纠纷。

“小产权”回迁安置房屋仍然属于“小产权”房屋的一种。我国对于集体土地的改革正在进行中，已经有了许多试点城市，在此基础上《土地管理法》也进行了部分修改，对于土地资源的利用将不断有探索和创新。随着国家对“小产权”房的治理和法律、政策的调整，“小产权”房屋会逐步进入法律调整的范围内。但就目前的情况来看，为避免产生纠纷、利益受损，尽量避免购买此类房屋对广大百姓来说将是最好的选择。如确需购买，应注意核实所购房屋权利人，在签订合同时应加强对合同条款的审核，对各种法律风险点进行明确约定，以避免或减少纠纷的产生。

案例二

业主配偶声称不知情，房屋买卖合同是否有效？

——无权处分和恶意串通对合同效力的影响

曲婧[①]

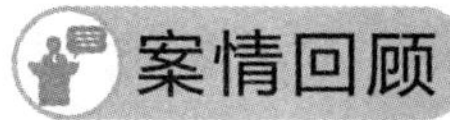

李为民与王翠花是生活在农村的一对普通夫妻，几十年以来一直过着安稳的生活，可谁知后来发生的一件事却扰乱了他们原本平静的生活，使得二人最终对簿公堂。原来，二人的宅基地和房屋适逢搬迁腾退，一家之主李为民作为被腾退人，女主人王翠花作为安置人口，二人与搬迁单位签订了腾退安置补偿协议书，共同获得回迁房四套以及数十万元的补偿款，过惯了苦日子的夫妇二人这次可高兴坏了，不得不感叹终于要过上好日子了。

一晃数年过去了，这对曾经的患难夫妻却因为感情不和准备离婚。此时，王翠花听到了一个令她震惊的消息，李为民竟然背着她私自卖了一套回迁房。原来王翠花辗转得知，2011 年，李为民将其中一套回迁房出售给想要在北京置业的赵达。王翠花联系上赵达，想向他要回房屋，但赵达付了购房款并且已经入住了此房屋，当然不会同意王翠花的请求。赵达把他与李为民之间的房屋买卖合同拿出来给王翠花看，合同是这样约定的：由赵达购买回迁房，赵达于 2011 年 1 月向李为民支付定金 20 万元，上述定金自动转化为购房款，在李为民成为该房屋唯一产权人后，双方约定剩余房款的交付方式。李为民承诺：本合同签订两年内，李为民凭借真实且生效的离婚协议书、法院调解书、法院判决书等文件证明其成为该房屋的唯一产权人，或者取得该房屋其他所有共有产权人（房屋安置人）的同意售房声明，否则，李为民应承担违约责任。赵达觉得很委屈，明明签了合同买了房，也交了约定的购房

---

① 北京市海淀区人民法院四季青法庭法官助理。

款，为何王翠花要收回房屋呢？王翠花和赵达不欢而散，次日，王翠花将李为民与赵达起诉至法院，要求确认李为民与赵达签订的房屋买卖合同无效。

王翠花认为，李为民出售的回迁房是二人婚姻关系存续期间取得的，是夫妻共同财产。王翠花与李为民因为家庭琐事，关系恶化，准备离婚，所以王翠花才离开北京回老家生活，想冷静一段时间，从老家回京后，王翠花才听公公婆婆说起李为民竟然私自将一套回迁房出售给了赵达。故王翠花以二人恶意串通损害其利益为由要求法院判令赵达与李为民之间的房屋买卖合同无效。

李为民表示，因为近年来王翠花跟他感情不和，闹离婚，王翠花总跟他要钱，可他手头紧，拿不出钱，所以他想到了卖房子换点钱。他卖房子的事情是悄悄进行的，没让王翠花知道，之前王翠花问过房子的事情，他欺骗说房子在出租。他认为他未经过王翠花的同意就私自与赵达签订房屋买卖合同出售夫妻共有房屋，该合同应该是无效的。

赵达则认为，他与李为民签订的房屋买卖合同完全是合法有效的。他在买房时，李为民没有告知他房屋是夫妻共有的，他也从不知道还有王翠花的存在，李为民多次跟他说房屋不是共有的，是他自己搬迁得来的，独自就可以处理。因此根本不存在他和李为民恶意串通损害王翠花利益的事实。

一审法院经审理后认为，从李为民与赵达所订立的房屋买卖合同文义推断，赵达在签订合同时知晓存在其他“房屋安置人”，且知晓李为民有配偶，在签订合同时李为民尚未离婚，因此，赵达要求李为民在签订合同之日起两年内成为涉案房屋的“唯一产权人”，或者取得该房屋其他所有共有产权人（房屋安置人）的同意售房声明，才支付剩余购房款。李为民与赵达的上述约定，一方面说明赵达考虑到了其购房风险，另一方面也说明赵达考虑到了包括王翠花在内其他涉案房屋权利人的利益，并就此为李为民设置了合同义务。因此，法院认为赵达与李为民欠缺损害王翠花利益的共同故意，王翠花以恶意串通为由主张合同无效的诉请法院不予支持。据此，一审法院判决驳回了王翠花的诉讼请求。一审法院判决后，王翠花不服，上诉至二审法院。

二审法院经审理后认为，根据已查明的事实，在李为民与赵达所签订的房屋买卖合同中，对于除首付款外的其余购房款的支付设置了条件，即房屋买卖合同签订之日起两年内，李为民成为涉案房屋的唯一产权人，或者取得该房屋其他所有共有产权人（房屋安置人）的同意售房证明。这说明赵达作为购房人，已充分考虑到存在的风险，尽到了注意义务，且已依照约定履行其应负的义务。王翠花称李为民与赵达存在恶意串通，继而主张房屋买卖合同无效，并未充分举证予以证明，法院不予支持。且根据法律规定，当事人一方以出卖人在缔约时对标的物没有所有权或者处分权为由主张合同无效的，人民法院不予支持。故王翠花以李为民无权处分夫妻共同的房屋为由，主张房屋买卖合同无效，依据不足，法院不予支持。由此，二审法院维持了一审法院的判决结果。

本案中，王翠花针对合同无效主要提出了两点理由：一是李为民与赵达恶意串通损害了王翠花对夫妻共有房屋的合法权利；二是李为民未经王翠花同意处分了夫妻共同房产。那么，为何一审和二审法院没有支持王翠花的诉讼请求呢？

法理分析

（一）恶意串通是合同无效的法定情形

《中华人民共和国合同法》（以下简称《合同法》）第五十二条[①]规定了合同无效的法定情形："有下列情形之一的，合同无效：（一）一方以欺诈、胁迫的手段订立合同，损害国家利益；（二）恶意串通，损害国家、集体或者第三人利益；（三）以合法形式掩盖非法目的；（四）损害社会公共利益；（五）违反法律、行政法规的强制性规定。"

可见，合同法赋予了被损害利益的第三人通过主张恶意串通来确认合同无效的权利，恶意串通确实是合同无效的五种法定情形之一。

---

① 该条对应《中华人民共和国民法典》（以下简称民法典）第一百四十六条、第一百五十三条、第一百五十四条。

但是恶意串通导致合同无效需符合三个构成要件：第一，合同当事人均具有损害他人利益的主观恶意，即不仅明知其行为有损于他人而故意进行，且实施该行为就是以损人利己为目的的；第二，合同当事人彼此勾结，通谋实施了该行为；第三，该行为在结果上客观损害了国家、集体利益或第三人利益。此处的恶意是指动机不良，即合同当事人存在为一方私利，损害他人利益的主观意志。

而在审判过程中，如何认定恶意串通呢？在司法实践中认定恶意串通存在一定的困难，因为恶意串通属于当事人的主观意识范畴，合同双方恶意串通的意思表示，隐藏于双方当事人的内心中，难以举证，也难以查明。一般而言，在审理案件过程中，法官对于认定合同当事人是否存在恶意串通情形主要是通过双方当事人签订、履行合同的客观行为来判断的，进而断定当事人的主观真意。而在举证方面，则采取推定方式完成举证较为合理，即在当事人提交的证据或已查明事实的基础上，依照日常习惯经验，推理、判断未知事实是否存在，并允许相关当事人进行反证、辩驳，只要存在高度盖然的可能性，则可判断当事人在实施某行为时是否存在故意而为之的心理状态。

具体到本案而言，对于认定李为民与赵达在签订房屋买卖合同时是否存在恶意，一审法院是通过李为民与赵达所订立的房屋买卖合同的文义推断的，从合同条文的约定来看，赵达在签订买卖合同时非常谨慎，考虑到了可能存在的风险，因此为李为民设置了一定的条件，即在签订合同两年内，李为民需要成为房屋的唯一产权人或者拿到其他共有产权人的同意售房证明。由此可见赵达在签订合同前一方面考虑到了其购房风险，另一方面意识到房屋存在包括王翠花在内的其他共有权人的情况，并就此为李为民设置了合同义务，因此一审法院认为赵达与李为民欠缺损害王翠花利益的共同故意。也就是说，上文提到的恶意串通的第一个构成要件二人并不符合。

二审法院在认定是否构成恶意串通时运用了举证责任原则，即王翠花主张赵达与李为民存在恶意串通的情形，那么由王翠花承担相应的举证责任。二审法院通过已查明的事实，认定赵达在签订合同时充分考虑了风险，尽到了注意义务，而王翠花并未提交充分证据证明二人之间存在恶意串通，因此二审法院对王翠花的主张未予采信。

（二）无权处分不影响买卖合同的效力

根据《最高人民法院关于审理买卖合同纠纷案件适用法律问题的解释》第三条第一款[①]之规定，当事人一方以出卖人在缔约时对标的物没有所有权或者处分权为由主张合同无效的，人民法院不予支持。

此处的当事人是指因买卖合同发生争议而起诉到人民法院的案件当事人，既可以为买卖合同的缔约方，如本案的李为民和赵达，也可以为合同缔约方以外的与买卖合同或出卖物有利害关系的其他人，如本案中的王翠花。现王翠花作为二审上诉人，主张李为民在出售回迁房时对夫妻共有房产不具备完全的处分权，因此房屋买卖合同无效。但是王翠花的上诉主张仍然没有得到法院的支持。二审法院直接引用了《最高人民法院关于审理买卖合同纠纷案件适用法律问题的解释》第三条第一款的规定，指出王翠花以李为民无权处分涉案房屋为由要求确认合同无效是不符合法律规定的，无法获得法院的支持。

《最高人民法院关于审理买卖合同纠纷案件适用法律问题的解释》第三条的相关规定是对《合同法》第五十二条内容的进一步明确和补充。根据当时有效的法律规范，合同无效的情形只有《合同法》第五十二条规定的五种。值得注意的是，合同无效制度是对意思自治原则的干涉，如果轻易认定合同无效或者对合同无效作出扩大解释，会严重影响当事人对合同效力的信任，进而阻碍市场经济的发展。

---

① 2021 年 1 月 1 日起实施的《最高人民法院关于审理买卖合同纠纷案件适用法律问题的解释》已将该条删除。

知识拓展

（一）无权处分与合同效力

1. 何为无权处分

《合同法》第一百三十二条[①]第一款规定，出卖的标的物，应当属于出卖人所有或者出卖人有权处分。

第五十一条[②]规定："无处分权的人处分他人财产，经权利人追认或者无处分权的人订立合同后取得处分权的，该合同有效。"

所谓无权处分，是指没有处分权而处分他人财产。无权处分行为是现代社会生活中的常见现象，在买卖交易关系中该问题更为普遍。出卖他人之物是无权处分的常见情形，此外还有出租他人之物或者抵押他人之物，亦属于无权处分。但有一种情况是否属于无权处分存在一定的争议，那就是共有人未经其他共有人同意而处分共有财产。目前存在两种不同的观点。一种观点认为，出卖人也是共有权人之一，因此不属于无权处分。另外一种观点则认为，出卖人作为共有权人虽然是财产所有权人之一，但对共有财产进行处分的权利必须由全体共有权人共同行使，而任何单个共有人均没有单独处分共有物的权利。

我们更赞同第二种观点，即无权处分也包括未经其他共有人同意而擅自出卖共有物的行为。如果进行更为详细的分类的话，关于擅自处分共有财产是否构成无权处分，应区分三种情形：（1）共同共有：部分共有人未经其他共有人同意处分共同共有财产的，皆构成无权处分；（2）按份共有：占2/3份额以上的部分共有人未经其他共有人同意处分按份共有财产的，不构成无

---

① 《民法典》中将该条删除。

② 《民法典》中将该条删除。《民法典》第五百九十七条第一款规定：因出卖人未取得处分权致使标的物所有权不能转移的，买受人可以解除合同并请求出卖人承担违约责任。本条是在删去《合同法》第五十一条关于无权处分规定基础上，吸收《最高人民法院关于审理买卖合同纠纷案件适用法律问题的解释》第三条规定后所作的增补规定。

权处分；（3）按份共有：未达到2/3以上份额的部分共有人未经其他共有人同意处分按份共有财产的，构成无权处分。

2. 无权处分对合同效力的影响

对于无权处分所订立合同的效力问题，曾存在三种不同的学说，包括合同无效说、效力待定说和完全有效说。《物权法》第十五条[①]规定："当事人之间订立有关设立、变更、转让和消灭不动产物权的合同，除法律另有规定或者合同另有约定外，自合同成立时生效；未办理物权登记的，不影响合同效力。"自此之后，合同完全有效的学说成为主流学说，也被最高人民法院所采纳。基于这一学说，《最高人民法院关于审理买卖合同纠纷案件适用法律问题的解释》第三条第一款规定，当事人一方以出卖人在缔约时对标的物没有所有权或者处分权为由主张合同无效的，人民法院不予支持。

综上，出卖他人之物的合同应当认定为有效，也就是说无权处分行为不影响买卖合同的效力。《民法典》将《合同法》第五十一条从总则部分移至分则部分，由《民法典》第五百九十七条所使用的违约责任一词可以明确得出买卖合同不因出卖人无权处分而无效的结论。虽然该条属于合同编第九章买卖合同，但并不意味着其适用范围仅限于出卖人无权处分的买卖合同。对于出租他人之物、以他人之物设定权利负担（抵押、质押）等物权处分行为，可以根据《民法典》第六百四十六条进行类推适用。

（二）夫妻共同财产与夫妻对财产的处分权

1. 何为夫妻共同财产

夫妻共同财产，是指在夫妻关系存续期间夫妻所共同拥有的财产。

《中华人民共和国婚姻法》（以下简称《婚姻法》）第十七条第一款[②]规定："夫妻在婚姻关系存续期间所得的下列财产，归夫妻共同所有：（一）工资、奖金；（二）生产、经营的收益；（三）知识产权的收益；（四）继承或赠与

---

① 该条对应《民法典》第二百一十五条。

② 该条对应《民法典》第一千零六十二条第一款。

所得的财产，但本法第十八条第三项规定的除外；（五）其他应当归共同所有的财产。”

第一，工资、奖金。这里的“工资、奖金”应作广义的理解，泛指工资性收入，目前我国职工的基本工资只是个人收入的一部分，在基本工资之外，所在单位以津贴、交通补助、伙食补助、通信补助、出差补助等名义发放的工资性收入均应列入工资、奖金的范围。

第二，生产、经营的收益。随着多种所有制经济的迅速发展，投资渠道的多元化，生产、经营的收益成为收入的重要组成部分，且所占比重越来越大，甚至成为某些家庭的主要收入来源。

第三，知识产权的收益。由知识产权取得的经济利益，则属于夫妻共同财产，如因发表作品取得的稿费，因转让专利获得的转让费等，归夫妻共同所有。

第四，因继承或赠与所得的财产。婚姻关系存续期间，夫妻双方或者一方继承或受赠与所得的财产应认定为夫妻共同财产。但，如果遗嘱或赠与合同中确定只归夫或妻一方的财产除外。

第五，其他应当归共同所有的财产。这项规定属于概括性的兜底条款。随着社会经济的发展和人们生活水平的提高，夫妻共同财产的范围在不断地扩大，共同财产的种类在不断地增加，目前，夫妻共同财产已由原来简单的生活用品发展到汽车、房产、股票、债券乃至整个公司、企业等，今后还将出现一些新的财产类型。上述四项只是列举了现已较为明确的共同财产的范围，但难以列举齐全，因此，第五项作了概括性规定。

《民法典》第一千零六十二条是在《婚姻法》第十七条的基础上修改而成，仍采用列举式和概括式相结合的方式。主要修改内容为：（1）明确了“夫妻共同财产”的概念。（2）在“工资、奖金”的基础上，增加了劳务报酬。（3）在“生产、经营”的收益基础上增加规定了“投资收益”。

2. 夫妻对共同财产的处分权

所谓夫妻共同财产处分权，简单地说，就是夫妻之间对婚后共同财产享有平等的处理权利。这里所谓的平等处理权，就是在处理夫妻共同财产时，夫妻双方应相互协商，达成一致意见，每人各占50%的处理决定权，当然夫妻生活期间因日常生活需要处理细小开支消费事项的除外。

《婚姻法》第十七条第二款①规定："夫妻对共同财产，有平等的处理权。"同时，《最高人民法院关于适用〈中华人民共和国婚姻法〉若干问题的解释（一）》第十七条②规定，《婚姻法》第十七条关于"夫或妻对夫妻共同所有的财产，有平等的处理权"的规定，应当理解为：（1）夫或妻在处理夫妻共同财产上的权利是平等的。因日常生活需要而处理夫妻共同财产的，任何一方均有权决定。（2）夫或妻非因日常生活需要对夫妻共同财产做重要处理决定，夫妻双方应当平等协商，取得一致意见。他人有理由相信其为夫妻双方共同意思表示的，另一方不得以不同意或不知道为由对抗善意第三人。

综上，夫妻关系存续期间，夫妻共同取得的房产是夫妻共同财产，虽然现实中房产可能登记在双方名下，也可能只登记在夫或妻一方名下，但都不影响认定为夫妻共同财产。而对于夫妻共同财产，丈夫可以处分，妻子也可以处分，双方的处分权是平等的，但是非因日常生活需要对夫妻共同财产做重要处理决定，夫妻双方应当平等协商，取得一致意见。如果夫妻一方因另外一方处分共有财产而要确认合同无效，法院不会仅仅因为出卖人未征得夫妻关系的他方同意，就判决宣告买卖合同无效。换言之，夫妻一方处分共同财产的买卖合同，原则上是有效的，但是如果处分人与买受人具有损害夫妻他方利益的恶意串通行为时，买卖合同则无效。

普法提示

随着农村城镇化进程的不断加速，越来越多的农村宅基地被腾退，而回

① 该条对应《民法典》第一千零六十二条第二款。

② 《最高人民法院关于适用〈中华人民共和国民法典〉婚姻家庭编的解释（一）》已于2021年1月1日起施行，施行后，最高人民法院关于适用《中华人民共和国婚姻法》若干问题的解释（一）（二）（三）将同时废止。《最高人民法院关于适用〈中华人民共和国民法典〉婚姻家庭编的解释（一）》中删除了该条规定内容。

迁安置房也成为二手房交易市场上的热门之选，但购买此类住房存在较高的法律风险，极易引发诉讼，其中又以配偶要求确认房屋买卖合同无效类纠纷最为常见。因此在购买回迁房过程中应格外谨慎，严格审查合同内容，对可能出现的法律风险进行预判，全面规避风险，以保护自身的合法权益。

1. 验房先验权利人。在购买回迁房的过程中，务必要求房主出示腾退安置补偿协议书等搬迁材料，重点审查搬迁协议上载明的被搬迁人/被腾退人以及安置人口有哪些，以此判断房主是否是真正的房屋权利人以及房屋是否存在其他共有权人。如果更为严谨，应请求房主出示宅基地审批单，以此确认其是否是合法的宅基地使用权人，避免今后有其他权利人对宅基地及地上房屋主张权利，引发不必要的争议。

2. 房产证要齐全。回迁房因涉及土地性质转换等审批事项从交付房屋到办理房产证给个人可能需要持续数年时间。也就是说回迁房的房主几年内可能都无法取得房产证，更无法给买房人办理过户登记手续。这无疑增加了合同履行的风险，也会导致买房人因无法过户而在物业交割、户籍迁入等方面存在种种阻碍，更有甚者，存在一些不诚信的房主将房屋再出售给其他人或者待可以办理过户时因房价快速上涨而要求增加购房款的情况。因此，如果非要购买回迁房，尽量选择已经办理了房产证的房屋，这样不仅权利更加明晰，而且可以尽快办理过户，避免后顾之忧。

3. 签合同时多留心。正因为购买回迁房存在较大的法律风险，因此在签订购房合同时一定要详尽地对双方权利义务进行明确、有效的约定，尤其是针对购房款的支付、办理过户的时间以及违约责任等方面。为避免后续出现权利人对房屋主张权利或者要求确认房屋买卖合同无效，特别提醒，在签订合同前出示并审查以下材料：如果房主是已婚人士，那么需要他出示结婚证以及配偶知情并同意出售房屋的书面材料；如果房主已离婚，那么需要他出示离婚协议书或者法院的判决书、调解书等法律文书，审查房屋的分割情况；如果房主是限制民事行为能力人，那么需要他的法定代理人代为签订合同；如果房主是因继承或者析产取得的房屋，那么最好需要其他继承人或析产人出具知情并同意出售房屋的书面材料。

第七章

搬迁补偿合同违约相关法律问题

案例

开发商迟延交付安置房，能否要求违约赔偿？

——搬迁人不履行合同义务应承担违约责任

陈雅楠[①]

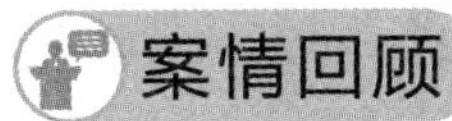

赵四是龙泉沟村 2 号院的宅基地使用权人。2008 年龙泉沟村进行搬迁，搬迁单位为龙泉房地产开发有限公司（以下简称龙泉公司）。2008 年 6 月 13 日，龙泉公司与被搬迁人赵四签订《宅基地腾退安置补偿协议书》（以下简称《补偿协议书》），就龙泉沟村 2 号院的搬迁事宜达成协议。

2008 年 6 月 19 日，赵四与龙泉公司签订《定向安置房置换协议》（以下简称《置换协议》），约定赵四在搬迁后可取得定向安置房四套，其中三套为居民住宅，一套为商住两用型房屋。《置换协议》中载明了赵四可以取得的三处居民住宅的位置、房号、面积、户型、交付方式及交付时间，但《置换协议》并未对那套商住两用型房屋的具体坐落及交房期限作出约定。针对住宅交房期限，协议约定"龙泉公司须在 2009 年 10 月 31 日前将上述住宅房屋交给赵四"。同时，《置换协议》的违约责任中约定"交房期限超过合同约定期限，龙泉公司按每月每套住宅 1000 元的标准向赵四支付违约金"。《置换协议》签订后，赵四预留一部分搬迁补偿款作为购房款，交给了龙泉公司。

转眼时间到了 2018 年，龙泉公司未能如约向赵四交付安置房屋，但龙泉公司按照每月 3000 元的标准向赵四支付了延迟交房的违约金。2018 年 4 月 12 日，龙泉公司向赵四出具了入住通知书并与赵四办理了入住手续，将三套居民住宅房屋交付给赵四，但对于《置换协议》中约定的那套商住两用型住房，龙泉公司却以房屋已经出售他人为由拒绝向赵四交付房屋。

---

① 北京市海淀区人民法院山后人民法庭法官助理。

经过了解，赵四发现，自己看中的商住两用型房屋还没有交给买家。于是，2019年2月1日，赵四到法院起诉，要求龙泉公司交付位于龙泉沟村二期34号商住两用型房屋一套（以下简称34号房），同时要求龙泉公司赔偿迟延交付商住两用型房屋的租金损失（自2009年10月31日开始计算至2019年6月30日止）及搬迁补偿搬家房租费。

对于赵四的要求，龙泉公司表示，公司已经向赵四支付了延迟交房费用，双方《置换协议》中对商住两用型房屋的具体位置约定不清，该部分约定应属无效，双方应当就商住两用型房屋的置换问题重新签订协议。此外，赵四选中的34号房已经出售给其他人，并不具备交付条件。对于搬迁补偿搬家房租费，赵四并没有相关证据，公司无须赔偿。

一审法院判决：一、龙泉房地产开发有限公司于判决生效之日起十日内将位于龙泉沟村二期34号商住两用型房屋交付给赵四；二、龙泉房地产开发有限公司于判决生效之日起十日内赔偿赵四损失97500元；三、驳回赵四的其他诉讼请求。赵四不服，提出上诉，主张一审法院从2018年3月起计算房屋租金不合理，且法院并没有支持其搬家房租的费用，故要求中院进行改判。中院经审理驳回上诉，维持了原审判决。

本案的争议焦点主要有三个：1. 赵四与龙泉公司签订的《置换协议》是否有效，在34号房已经出售的情况下赵四能否得到该房屋？ 2. 龙泉公司是否应该向赵四支付迟延交付商住两用型房屋的租金损失？租金损失应从何时起算？ 3. 龙泉公司是否应该向赵四支付搬家及房租费用？

法理分析

（一）合同的效力问题

在民事活动中，民事主体依法享有在法律规定的范围内自由表达意思，不受他人干涉的权利。通俗地说，只要合同当事人之间形成一致的意思表示且不违反国家法律的规定，意思内容均是当事人意志的真实表示，合同依法产生对各方当事人的约束和预期效果，即为有效成立的合同。

本案中，赵四与龙泉公司签订的《补偿协议书》与《置换协议》均是双方当事人真实的意思表示，不违反法律法规的强制性规定，合法有效。协议中明确约定龙泉公司对赵四的房屋进行搬迁，给予赵四相应的补偿，并对后期置换房屋的意向进行了相应的约定。虽《置换协议》中对于房屋具体楼号约定不清，但因房屋已实际建成，并非不存在，且赵四预留部分应获得的搬迁补偿款在龙泉公司处作为安置房屋房款的支付费用，故该《置换协议》具备了房屋买卖合同的基本要件，应认定双方就安置房屋的买卖达成合意，赵四有权依照《置换协议》的约定向龙泉公司主张现有变更后房屋的交付。

考虑到涉案房屋系基于搬迁安置进行的回购，故对于赵四而言，涉案房屋有保障赵四使用利益的实际需要。如果仅以房屋楼号约定不清为由强行要求赵四与龙泉公司另行就房屋回购、交付达成合意后签订合同，再由赵四主张交付，那么在双方无法协商一致的情形下，将不利于对赵四合法利益的有效保护。故此，法院对赵四要求交付商住两用型房屋的诉讼请求予以支持。因双方在《置换协议》中并未明确约定应交付的商住两用型房屋具体门牌号，故应视为赵四有权在可交付的商住两用型房屋中任意选择，赵四要求龙泉公司交付 34 号房的诉讼请求于法有据，法院予以支持。

对于龙泉公司认为 34 号房已出售给他人，不具备交付条件的意见，法院认为，按照法律规定，搬迁人与被搬迁人按照所有权调换形式订立搬迁补偿安置协议，明确约定搬迁人以位置、用途特定的房屋对被搬迁人予以补偿安置，如果搬迁人将该安置补偿房屋另行出卖给第三人，被搬迁人请求优先取得补偿安置房屋的，应予支持。

需要说明的是，龙泉公司在向赵四履行房屋交付义务的过程中，因龙泉公司将房屋出售给案外人仅收取定金，且房屋尚未办理过户手续，故龙泉公司应从解除合同的角度向案外人承担违约责任，否则有可能承担其他的法律责任。

（二）商住两用型房屋租金损失的计算问题

法律中在违约责任的承担上规定了不同的赔偿损失的方式，其中损失包括直接损失与间接损失。本案中，赵四主张34号房租金损失系其预期将房屋出租的利益，属于间接损失。关于租金的计算标准合同里有约定应按照约定，没有约定或约定不明的可以比照当地市场价、政府定价或政府指导价认定。当然对于损失的主张需要当事人进行举证，结合证据予以认定。

赵四与龙泉公司签订的《置换协议》中并未对34号房的交付期限有明确约定，故赵四主张自2009年10月31日起给付租金的诉讼请求于法无据，法院难以支持。但根据龙泉公司向赵四出具的入住通知单可以认定，自2018年3月5日起包括赵四主张交付的34号房在内的涉案项目小区房屋已具备交付条件，但龙泉公司迟迟不向赵四交付，而且在明知与赵四签订有《置换协议》的情形下仍将房屋出售给他人，拒不履行交付义务，已构成对履行合同诚实信用原则的严重违反，亦对赵四构成违约，龙泉公司应当向赵四承担损失赔偿的违约责任。

法院根据本案实际情况自2018年3月起按照市场价格的标准计算赵四的租金损失并无不妥。其中赵四将该项损失计算的截止日期主张至2019年6月30日，法院不持异议。2019年6月30日后至34号实际交付前的租金损失，赵四可另行主张权利。

（三）搬家及房租损失的赔偿问题

上文所述合同的签订主要在于当事人的合意，本案中赵四与龙泉公司签订的《置换协议》并未约定搬迁补偿搬家房租费用，且已经约定了逾期交付房屋需要支付一定的补偿费用，并对补偿标准进行了约定。龙泉公司自超过约定期限起就按照约定补偿标准向赵四支付补偿费用。赵四如果认为《置换协议》中应当约定该项费用的给付，并要求给付；或者认为协议中约定的补偿标准过低，要求增加，在上述《置换协议》未经法定程序撤销、变更或确认无效之前，赵四径行要求龙泉公司给付相关费用，缺乏事实和法律依据，法院不予支持。

知识拓展

违约责任是指一方当事人违反合同约定的义务依法应承担的法律责任。在审理此类案件时，应按照合同约定明确当事人的合同义务，结合当事人的实际履行情况，从而准确界定违约责任的承担。

（一）违约责任的承担形式

关于违约责任的承担方式，根据《中华人民共和国合同法》（以下简称《合同法》）第一百零七条[①]规定："当事人一方不履行合同义务或者履行合同义务不符合约定的，应当承担继续履行、采取补救措施或者赔偿损失等违约责任。"违约责任的承担方式主要有以下四种：

1. 继续履行。继续履行也称强制实际履行，是指违约方根据对方当事人（守约方）的请求继续履行合同规定的义务的违约责任形式。继续履行是一种独立的违约责任形式，以违约为前提体现了法的强制性。

2. 采取补救措施。在搬迁补偿合同中，房屋质量不符合约定的，可以合理选择要求对方承担修理、重作、更换、退货、减少价款或者报酬等违约责任[②]。

3. 赔偿损失。在合同法上也称违约损害赔偿，是指违约方以支付金钱的方式弥补守约方因违约行为所减少的财产或者所丧失的利益的责任形式。

4. 支付违约金。违约金是由当事人约定的或法律直接规定的，在一方当事人不履行合同时向另一方当事人支付一定数额的金钱，也可以表现为一定价值的财物。

① 该条对应《中华人民共和国民法典》（以下简称《民法典》）第五百七十七条。

② 该条对应《民法典》第五百八十二条。

（二）搬迁补偿合同中常见的违约类型及处理思路

在审判实践中，搬迁人常见的违约类型有：

1. 搬迁人不按合同约定的期限支付货币补偿款、临时安置补助费等货币支付义务

对于该种情形，实践中的搬迁补偿合同一般都会约定违约责任，因此当出现上述违约情形时，一般应以违约方（搬迁人）向守约方（被搬迁人）支付违约金作为基本处理原则。对于合同明确约定违约金计算标准的，严格按照约定处理。如果违约方提出违约金约定过高的，法院应严格审查，除了对明显不合理的部分可以作出调整以外，原则上应尊重合同约定。如果守约方认为合同约定的违约金低于其实际损失的，在有证据支持的情形下，法院应予以适当调整。对于违约金约定不明或没有约定的，应合理支持守约方提出的损失赔偿请求。

2. 搬迁人交付的房屋不符合合同约定的房屋性质、小区位置、质量等标准的情形

例如，当搬迁人与被搬迁人签订搬迁补偿合同时约定安置房的性质为商品房，但实际交付时房屋却为小产权房，无法办理产权证，这种情形下就造成了对被搬迁人利益的损害。法院需要查明该情形是否是政策原因所导致，若非政策原因导致的，则搬迁人需赔偿被搬迁人的利益损害，可以比照同地段商品房与安置房价值的差额进行赔偿。

实践中，有安置房小区名称出现变更的情况，若是因为政策原因导致小区更名，但小区位置不变，搬迁人并不承担违约责任。但若是小区位置发生变化，搬迁人应当提前向被搬迁人进行告知。若变更后小区的房价明显降低的，被搬迁人可以要求搬迁人承担相应的房屋贬值损失，可比照原约定小区房屋价值与实际安置小区房屋价值的差额进行认定。

当安置房质量不合格或不符合合同约定时，对于质量的认定，首先应依据双方当事人的合同约定；若当事人未有约定或约定不明确，则应依据国家标准、行业标准进行判断。由于房屋系特殊商品，关系到人民群众的生命财产安全，国家行政部门会进行工程验收以及综合验收，以保证产品质量的安全，但此并不表明搬迁方交付的房屋质量一定合格，不允许被搬迁人提出异议，相反，在诉讼或仲裁中，应允许被搬迁人提出质量鉴定。同时，若搬迁人拒绝修复或在合理期限内拖延修复的，被搬迁人可以自行或者委托他人修复，修复费用或修复期间造成的其他损失应由搬迁人承担。

3. 搬迁人交付的房屋不符合合同约定的房屋面积的情形

当交付的回迁房出现面积差异时，在该种情况下合同有约定按约定，没有约定或约定不明的可以比照适用《最高人民法院关于审理商品房买卖合同纠纷案件适用法律若干问题的解释》（以下简称《解释》）第十四条[①]处理：面积误差比绝对值在 3% 以内（含 3%），按照合同约定的价格据实结算；面积误差比绝对值超出 3%，房屋实际面积大于合同约定面积的，面积误差比在 3% 以内（含 3%）部分的房价款由被搬迁人按照约定的价格补足，面积误差比超出 3% 部分的房价款由搬迁人承担，所有权归被搬迁人；房屋实际面积小于合同约定面积的，面积误差比在 3% 以内（含 3%）部分的房价款及利息由搬迁人返还被搬迁人，面积误差比超过 3% 部分的房价款由搬迁人双倍返还被搬迁人。

4. 搬迁人迟延向被搬迁人交付腾退安置房的情形

该种情形下需先分析造成搬迁人迟延交付腾退安置房屋的原因，再作具体处理。实践中主要有以下五种原因导致该情形：

（1）回迁房是由于不可抗力因素导致工程延期，搬迁人依法可部分或全部免除违约责任。不可抗力[②]，是指不能预见、不能避免且不能克服的客观情况，如地震、洪水等自然灾害。

---

① 该司法解释于 2003 年 4 月 28 日颁布，民法典施行后，根据 2020 年 12 月 23 日最高人民法院审判委员会第 1823 次会议通过的《最高人民法院关于修改〈最高人民法院关于在民事审判工作中适用《中华人民共和国工会法》若干问题的解释〉等二十七件民事类司法解释的决定》进行了修正，新颁布的司法解释中取消了第十四条的规定，就房屋面积误差所引发的纠纷需以后续司法解释为准。

② 参照《民法典》第一百八十条。

（2）因被搬迁人搬离延迟导致的房屋建设工程的延期，双方需要互负违约责任。我国法律规定[①]当事人双方都违反合同的，应当各自承担相应的责任。

（3）因安置房屋涉及被搬迁人家庭内部析产纠纷诉讼，权利主体尚未析清，搬迁人迟延交付房屋的情形。实践中搬迁人一般会要求被搬迁人家庭内部明确权利主体后，再与其签订交付房屋的合同。但若是搬迁人已经与被搬迁人签订了交付房屋的合同，合同中明确约定了交房期限，作为合同相对方的被搬迁人要求搬迁人交付房屋，搬迁人仅以对方家庭内部涉及诉讼而延期或拒绝向其交付房屋的，应承担相应的违约责任。

（4）安置房屋由于使用功能改变导致搬迁人延期交房，更严重的导致被搬迁人无法安置的，如用于安置的住宅改变为商铺或者写字楼等。该种情形下应认定为搬迁人恶意违约，除了要赔偿被搬迁人逾期安置的损失之外，若被搬迁人因此无法安置并要求在约定安置区域附近安置的，法院应予支持。如果附近区域无法安置，搬迁双方均同意异地安置的，应充分考虑地域差异导致的房屋价值差异，尤其是经营用房。被搬迁人要求货币补偿的，法院应予准许。

（5）搬迁人在安置房具备交付条件时恶意迟延交付房屋的情形。该种情形下搬迁人主观上具有恶意，且安置房客观上满足了交付条件，搬迁人理应承担全部因延期交付造成的违约责任。

例如，搬迁人擅自将安置房另行出售给他人，他人已经实际占有和取得房屋产权，造成被搬迁人不能回迁的案件。此种纠纷实践中比较常见。这类案件可参照《解释》第七条第一款[②]规定：“拆迁人与被拆迁人按照所有权调换形式订立拆迁补偿安置协议，明确约定拆迁人以位置、用途特定的房屋对被拆迁人予以补偿安置，如果拆迁人将该补偿安置房屋另行出卖给第三人，

---

① 参照《民法典》第五百九十二条。

② 该司法解释于2003年4月28日颁布，民法典施行后，根据2020年12月23日最高人民法院审判委员会第1823次会议通过的《最高人民法院关于修改〈最高人民法院关于在民事审判工作中适用《中华人民共和国工会法》若干问题的解释〉等二十七件民事类司法解释的决定》进行了修正，新颁布的司法解释中取消了第七条的规定，就搬迁人将安置房屋另售他人的纠纷，被搬迁人能否要求优先取得安置房屋需以后续司法解释为准。

被拆迁人请求优先取得补偿安置房屋的，应予支持。”可见，搬迁人与被搬迁人在腾退过程中以所有权调换的形式达成搬迁补偿安置协议，即搬迁人以其他地块的房屋或者同一地块非安置区域的再建房屋、购买房屋与被搬迁人的被搬迁房屋进行产权调换，被搬迁人即失去了被拆除房屋的所有权，转而拥有了调换所得房屋的所有权，此时被搬迁人交付安置房的要求具有对抗第三人的效力，第三人的物权变动不得对抗被搬迁人的物权请求权。

（三）签订搬迁补偿合同中的注意事项

1. 审查签订协议的主体是否合法

与被搬迁人签订搬迁补偿协议的一定要是具有法人资格的搬迁人，否则协议的签订会因为主体不明确、主体没有承担法律责任的能力而面临无法履行的风险。

2. 协议中必须明确的事项

（1）补偿款的总金额及各项补偿内容的具体明细，如果存在厂房出租的情况，这个各项补偿内容的具体明细就尤为重要，这就涉及双方以后分割搬迁补偿款的份额确定。

（2）补偿款的支付时间及支付方式，回迁安置房的交付时间及交付方式。

（3）安置房、安置土地的面积及具体位置、土地性质，因为地理位置决定了土地的区位价值，土地性质是住宅、工业还是商业也直接决定土地的价值，如果双方在合同中没有明确的约定，在实际履行中就很容易产生纠纷。

（4）如果签订补充协议，补充协议上的内容必须合法，与主合同条款不冲突，如果对主合同有重大改动，须明确约定以补偿协议约定为准。

3. 约定违约责任

为了以防万一，防止搬迁人不履行协议条款，在签订协议的时候，应该明确约定违约责任。从另外一个角度来说，也是从合同条款的角度去督促搬迁人尽早履行协议。一般搬迁补偿合同会约定逾期支付补偿款以及逾期交付安置房会以何种标准向被搬迁人支付违约金，同时搬迁人也会在合同里约定被搬迁人逾期腾退的违约责任以及违约金标准。

4. 明确约定协议履行的程序

实践中有的搬迁项目要求合同签订后马上腾退房屋，在交房后支付搬迁补偿款，也有的项目甚至要求先腾退房屋，然后才把搬迁补偿合同及搬迁款交给被搬迁人。为了避免不必要的损失甚至是拿不到搬迁补偿款等，一定要明确约定协议履行的程序，维护被搬迁人自己的合法权益。

5. 回迁安置房的质量标准、保修期、产权登记情况等需要落实在书面合同上

实践中，搬迁补偿合同仅是腾退工作的第一步，签订时安置房并没有完全建成，往往会在回迁房建成后才和被搬迁人针对具体的安置房签订《定向安置协议》《选房单》《购房意向书》等明确安置房所在小区、面积、房屋质量、维修期的相关事宜的合同。

普法提示

当事人违反合同约定的义务依法应当承担违约责任，在搬迁补偿合同中违约责任的主要承担形式为继续履行、采取补救措施、赔偿损失以及支付违约金。搬迁补偿合同中违约类型主要体现在一方当事人迟延履行合同义务，因回迁房灭失导致合同目的不存在的情形极为少见，故在一方当事人迟延履行合同义务时，当事人主要按照合同约定来主张违约责任，合同约定违约金的可以主张违约金，合同没有约定违约金的也可以向违约方主张损害赔偿，赔偿损失包括直接损失和间接损失。直接损失是指财产上的直接减少；间接损失又称所失利益，是指失去的可以预期取得的利益（如赵四案件中可预期获得的商业房屋租金），实践中还可以包括搬家租房费用、房屋价值差额等。当然赔偿损失并非没有界限，在一方当事人违约后，另一方当事人应当采取适当措施防止损失扩大，若没有采取适当措施致使损失扩大的，不得就扩大的损失要求赔偿。实践中搬迁人与被搬迁人签订搬迁补偿合同后，往往会在交付房屋前签订《安置房订购合同》《安置房交付协议》等，上述合同中会就回迁房屋的质量以及保修问题做出约定，当房屋质量不符合约定或搬迁人迟延履行该约定时，被搬迁人有权利提出要求搬迁人修理、更换等主张。